顾超，中学高级教师，现任教于上海理工大学附属中学，担任校艺术总辅导员兼艺术备课组组长。上海市教师书画篆刻研究委员会委员、上海中华书画协会会员、上海市普教系统优秀青年教师、杨浦区新长征突击手、杨浦区学科带头人、杨浦区优秀艺术总辅导员、杨浦区见习教师规范化培训优秀带教导师。

图 1-1

图 3-3

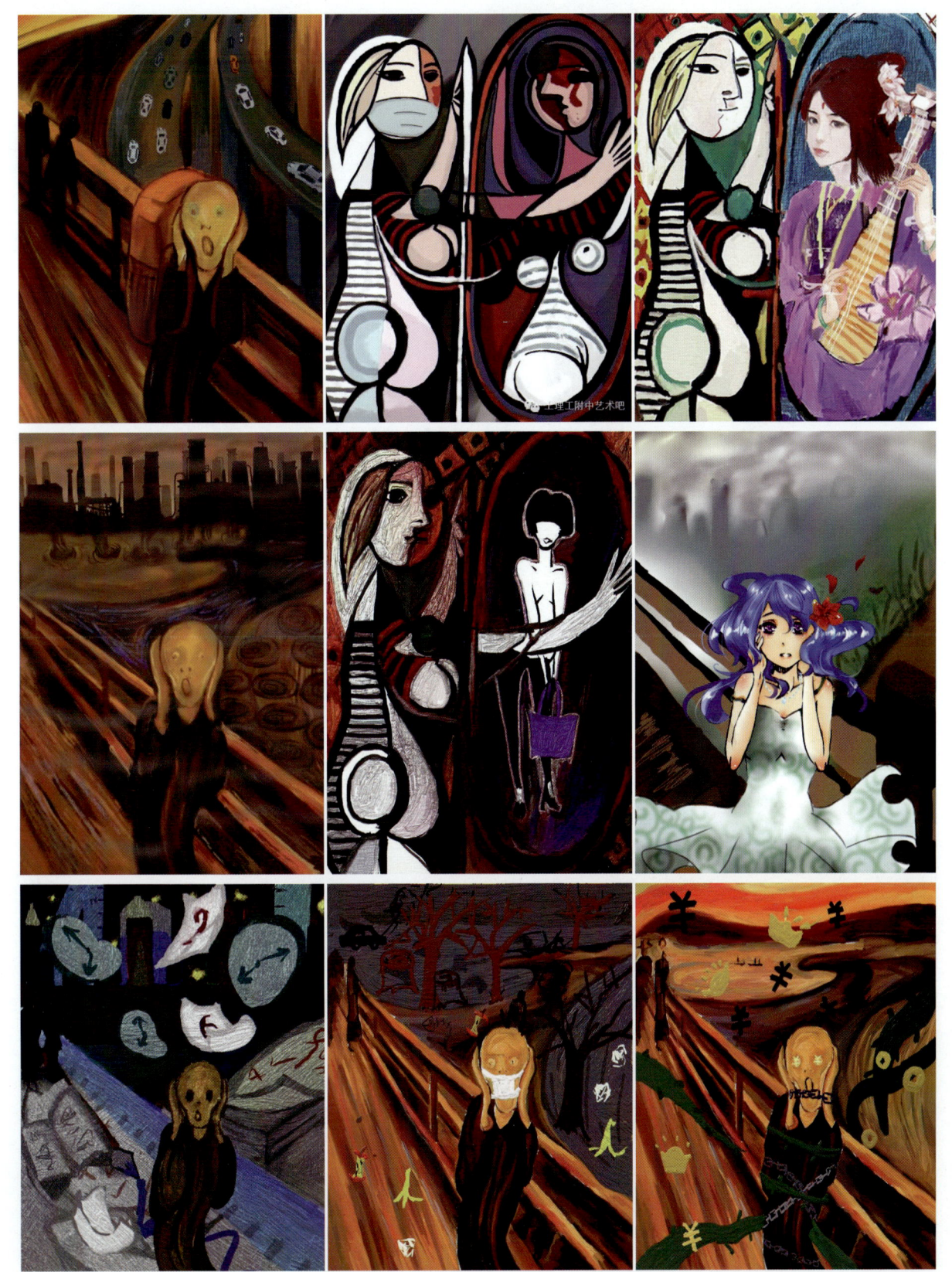

图 3-14

图 3-4

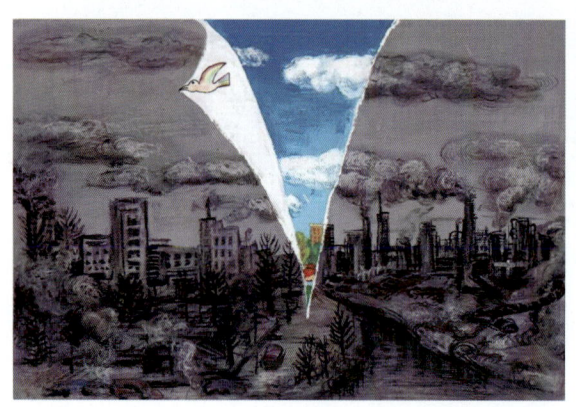

图 3-5

图 4-7

图 3-10

图 4-8

图 4-9

顾超 著

高中美术校本课程开发

走向 人文关怀的

上海社会科学院出版社
SHANGHAI ACADEMY OF SOCIAL SCIENCES PRESS

序
做个人文关怀的美术教师

顾超的本科和硕士都就读于上海师范大学，是一位非常善于理论学习，又脚踏实地地从事教学实验，还热衷于美术专业发展的研究型教师。

说她善于理论学习，她在研究生阶段就通读了钟启泉的《现代课程论》、小威廉姆·E.多尔的《后现代课程观》、高文的《建构主义学习的特征》等大量课程与教学的文献，所以，《走向人文关怀的高中美术校本课程开发》一书有着严谨的后现代课程理论、建构主义学习理论、美术教学论等理论框架。她在教学的同时申报立项或完成了《凸显"人文关怀"的高中美术校本课程开发》《高中"文化绘本"教学的实践与探索》《高中美术教学中质性评价的实践与研究》《艺术欣赏多媒体课程资源开发》《高中数字媒体艺术课程的实践与探索》等多项区级、市级课题，发表了十多篇相关的研究论文，有些还获得上海市级或国家级的奖项。

说她认真开展教学实验，她围绕"人文关怀"这一课题，开发了《在爱的名义下——〈美术欣赏〉》校本课程，尝试运用后现代课程理论和建构主义学习理论开展教学实验，总结经验，完成了长达5万字的硕士论文《凸显人文关怀的高中美术校本课程开发》；接下来她又开发了《数字油画》《工笔国画基础》等校本课程。可见她就是一位热爱美术教学、以自己的教学为对象并不断深入研究的专业教师。

她在专业上也不断学习和开拓，她擅长油画，多幅油画作品入选"美术大观杯"全国美术教师艺术作品双年展；又积极学习中国书画、软陶、数字艺术等，并成为上海教师书画篆刻研究委员会会员、中华书画协会会员等。她指导学生所创作的各种门类作品在区级、市级甚至国家级比赛中获奖。

理论修养、教学实验和专业水平是一位优秀美术教师的必备条件，而顾超更有一份"人文关怀"之心，并贯穿于她的校本课程之中。首先她在美术教育中渗透人文关怀，让学生通过参与各类艺术活动得以身心的滋养，形成基本的美术素养。她关心学生的身心健康，塑造学生健康的人格。其次是通过美术教育让学生学会人文关怀，即学会爱护自己，关心他人，关爱自然与社会。其三是美术教育中建构具有人文性的师生关系，营造美术教育的"共享"氛围。《走向人文关怀的高中美术校本课程开发》一书深入探讨了如何开发凸显"人文关怀"的高中美术系列校本课程，针对高中美术教学存在的问题，充分利用各种资源，开发适应本校发展和学生使用的校本教材，构建人文性的师生关系，主动探索个性化的教学形式，把美术校本课程开发推向"人文关怀"的境界。

教师是育人之人，需要一种崇高的信念，才能更加出色和优秀！顾超就认为："艺术教育是一个生命引领感动另一个生命的过程，走向人文关怀的美术教育就是在美术课程中加强人文教育，帮助学生形成基本的美术素养，塑造健康的人格，建构学生真、善、美的艺术生命和艺术人生,实现艺术教育'以美促知、以美启智、以美润心'的功能。"这才是她能成为"人文关怀"的美术教师的根本原因。

有崇高的信念就会有行动,有坚持,就能有更好地成长与发展。2012年她被评为杨浦区骨干教师;2015年被评为杨浦区第四届美术学科带头人。同时不断荣获全国中小学教师录像课评比一等奖、全国艺术教育论文评选二等奖、全国美术教学公开课评选三等奖、首届上海基础教育青年教师爱岗敬业教学技能赛二等奖等各种奖项。

顾超还年轻,相信她一定能沿着"人文关怀"的美术教师之路,继续前行!

上海师范大学美术学院教授、
现任上海师范大学天华学院艺术设计学院院长

2016年11月

前　言

　　美术作为人文学科的核心课程之一，凝聚着浓郁的人文精神。"人文性"是21世纪世界各国美术教育改革的主题。就世界范围来说，纵观整个世界教育的发展趋势，我们日渐明显感受到教育越来越倾向于"人文化"，越来越重视人文教育和培养学生的人文素养。早在1996年秋，美国艺术教育协会就启动了国家教育改革五年规划（the Transforming Education Through the Arts Challenge，简称TETAC），即"通过艺术的挑战转变教育"，在这个五年规划中把艺术综合教育作为学校课程的基本核心，其理念是"cultural, ecological, inclusive"，即强调课程的人文性、生态性和包容性。美国等国的教育家提出了将艺术作为一门人文学科，并认为"人文学的贡献就是为人的价值意识提供了一种独特的礼物"。进入21世纪，艺术教育更被视为对学生进行情感培养和人格完善的重要手段。新西兰倡导美术教育培养学生的身体的能力、沟通能力、协调和合作能力、解决问题的能力、自我管理和竞争能力、信息能力、数的能力、工作和学习的能力。2001年教育部颁发的《全日制义务教育美术课程标准》中首次提出了"美术课程具有人文性质"，之后《普通高中美术课程标准》中也提出"普通高中美术课程具有人文学科的特征""具有人文教育的功能"。而近几年随着国家对艺术教育的日渐重视，美术教育性质被重新认定，教育界已达成了普遍共识，美术学习再也不是单纯的技能学习，它更应成为一种文化的学习，从而体现课程的人文性和育人目标。国内美术教育权威专家如华东师范大学艺术学院钱初熹教授、上海师范大学艺术学院王大根教授等更是通过一系列课题、论文强调美术教育是培养学生美术核心素养、完善学生人格的学科。美术教育以学生发展为本，应该在课程中渗透人文关怀。

　　国家教育部早在1999年就给校本课程的开发创设了政策条件，试行国家、地方、学校三级课程管理。三级课程的管理制度削减了国家统一的课程内容，鼓励各地学校和教师积极开发具有地方特色的校本课程，使课程内容更加贴近学生的生活，更加多元化、多样化。多年来,在新的推广模式下,全国各地中学也的确涌现出不少内容丰富、形式多样的美术校本课程,课程开发虽已起步,但部分课程只注重表面形式内容的热闹拼凑,有些教材更是偏重知识技能的教授,缺乏对学生人文素养培养的探究。可见,尽管加强美术学科的人文性已受到学者和教师们的关注与认同,但在实际操作中,鲜有教师从学生的心灵和心理健康角度出发,考虑如何运用美术这一文化学习的有效形式塑造学生的心理健康,这与学校和教师的实际水平密切相关,而更多的教师尽管在课程教学中希望渗透"人文精神",但由于缺乏对人文美术课程的深入系统理解往往流于形式,或者浅尝辄止。有的老师虽然强调以课堂的人文关怀为目的开展教学,但在教学中依然遵循教师的主导作用,没有关注到课堂人文性师生关系的构建,也没有考虑人文性课堂的生成性和对学生的后续影响及评价反馈,这也暴露了部分教师对人文关怀课程内涵的偏颇理解,还只是基于传统课程观下的单线型理解。有的老师力求挖掘课程内容的人文性价值,尝试从学生、课程、资源等三个维度开展教学,但缺乏对人文性美术校本课程开发的系统研究。因此,在全面推进二期课改、实行素质教育的今天,更须加强对凸显人文关怀的高中美术校本课程开发的实践研究。

21世纪是一个经济、文化飞速发展的时代,人类传统的学习方式早已不能满足信息时代的需求。当前全球化的教育改革均向自由化、多元化的目标迈进。世界教育进入了后现代主义时期。正如图尔明在《回归宇宙论》中所言:"我们必须调整自己……认识到我们不再生活在'现代'世界。'现代'世界如今已成为过去的事情……"[①]。当我们以后现代的方式看待世界,会发现人类的认知方式、思维方式乃至意识形态等方面都发生了翻天覆地的变化,而这也不可避免地影响到教育领域。在我国目前进行的课程改革中,后现代社会对我们建立新课程观、变革教学方式和学习方式、促进课程改革和发展有着十分重要的借鉴意义,使之成为富有积极意义的探索和创造。

英国教育家怀特海曾说:"在传统的教学中,一个人可以懂得所有关于太阳的知识,理解所有关于空气的知识和地球旋转的知识,唯独看不到日落的光辉[②]。"美国课程理论家小威廉姆·E.多尔的后现代主义课程观,充满着创新性、发展性的活力。多尔提出了4R课程,其中他对课程的"关联性(relations)"作了两层含义的解释,一是指教育联系,二是指文化联系。这两层联系赋予课程丰富的模体和网络,课程应与课程之外的文化和世界相联系,这也是课程赖以存在的大背景。现代教育的一个重要缺陷就是在课程设计中忽略人的情感、需要、动机和体验。从知识传授到对人的关怀,这是后现代课程向前迈进的一大步。后现代课程观反对学科中心倾向,主张构建动态的开放式的课程。相比现代课程泰勒模式所强调的课程4要素,后现代课程则更为关注课程活动的不稳定性、非连续性和相对性,以及个体经验相互作用的复杂性。后现代课程搭建了一个开放性的课程框架,无论是培养目标、课程内容还是师生关系都发生了改变,这些变化使课程具有丰富的多样性、疑问性和启发性。

---

① Toulmin,s.The return to cosmology.Berkeley:University of California Press,1982:254.
② 燕良轼.解读后现代主义教育思想[M].广州:广东教育出版社,2008:132.

第一，教育应关注学生个体。

纵观西方的教育史，无论从卢梭的自然人再到杜威的社会人，都是基于对儿童自身发展的认识，提出了富有时代意义的儿童教育思想，在今天看来仍具有一定的前瞻性。21世纪的高中生身处纷繁复杂的后现代社会，世界的多样性和变化性更影响到学生个体的复杂性，他们不仅是自然人，生态人更是社会人，文化人。我们的教育面对的是一个个极具个性的、独一无二的学生个体，他们的存在与整个世界息息相关。我们的课堂不应仅将知识作为唯一的聚焦，而更应重视对人的关怀，美术教育不但要考虑学生作为人的完整价值，而且应把学生放在不断变化的生活世界中，看到学生的生成性、变化性和创造性。每个学生都是独特的、行动着的自我创造者，因此，在重视学生个体生命的特殊性和能动性的同时更应把他们看成是不断发展变化中的个体，尊重学生的情感和需求，给予他们选择和判断的权利，这就是说美术教育要更为关注他们的个性需求，从知识传授到对人的关怀，美术教育的华丽转身将真正发挥其作为人文学科的本质功能。

第二，课程内容的多元化。

后现代主义赋予当代教育全新的理念，使我们的课程观发生了重要的变革。多尔认为，课程不再被视为固定的、先验的"跑道"，而成为奔跑着的过程，"课程是在跑道上跑(Curriculum as currere)"[①]，多尔试图从过程——发展、对话、探究、转变的过程的角度而不是从内容或材料（跑道）的角度出发来界定课程，这一观点的提出使课堂更为关注学生的感受而不仅仅只是教师的教授。后现代教育观赋予课程多元性和复杂性的特点，课程内容不再是一成不变的，根据学生的实际情况课程内容可以作出相应的变化和调整，丰富多样的课程内容可以最大限度地满足学生的不同需求。这样的课程特点决定了我们的美术教育应向学生传授与其生活经验实际相关的知识，只有具有基础性和全面性的知识才能唤起学生对美术学习的兴趣，并为他们的终身学习奠定基础。课程内容由静态、封闭的框架体系转向动态、开放的框架体系。它包括两层含义：第一，课程内容应符合不同年龄阶段学生的身心特点。第二，既然知识的形成是主、客观相互作用、建构的过程，那在课程内容的选择上也应尽量以相对开放的方式呈现。教师可以结合不同学生的个性实际，在选取或组织教学内容的时候，采用与学生对话的方式开展，使内容更面向学生，面向生活，让学生得到更为全面的成长和发展。

第三，师生关系的重新建构。

后现代主义教育观主张建立一种师生平等的对话关系，它强调教师与学生之间的平等对话。在对话过程中，教师和学生的身份都不再是一成不变的。当然后现代教育观对这一师生关系的重新建构并不否认或忽略教师的作用，他们认为教师的作用不在于传授真理，而在于激发学生的想象力。教师在课程中不再是领导者，仅仅是作为学习者团体的一个平等

[①] 小威廉姆·E.多尔.课程愿景[M].王红宇,译.北京:教育科学出版社,2004:47.

的成员——平等者中的首席。基础教育课程改革中教师被赋予八种角色[①]：知识的传授者、学习者、学生的引导者、团体的领导者、课程的研发者、教学的组织者、教育的研究者和文化的创造者。美术课堂应积极倡导平等对话的师生关系，教师要成为学习的组织者与促进者，通过积极创设课堂情景，开展师生对话，使教学过程转向自主式、对话式、探究式的活动。教师帮助学生将知识作为探究的起点，利用自己已有的经验与学生对话，发展学生对艺术美的鉴赏力、判断力，帮助学生完成学习知识的意义建构。

后现代主义课程观在培养目标、课程内容、师生关系等方面所提出的观点是针对现代教育中的弊端而提出的。因此它丰富了人们对于教育的认识，为教育的探索和研究提供了新的思路和视角。在新的历史时期，将对人的关注、对人的关怀纳入课程设计是后现代课程观的一次超越。后现代课程观对开发人文关怀美术校本课程的启示主要在于以下三点。

一、课程目标

以"人的发展"为基点是新课程改革的精髓所在，人文关怀强调重视人的因素，承认人的价值和主体地位。人文关怀的美术课程开发也将致力于使每位学生得到发展，关注学生的自然人生和文化人生。我们的教学应致力于培养学生对于知识的理解力和判断力，课程的意义在于教师为学生创设一个与知识相遇的情境，与知识不断对话。教师将帮助学生将已有的知识作为学习探究的起点，通过学习不断创造出新的知识。

二、课程内容

课程内容从单一到多元的发展。丰富、复杂的后现代视角拓宽了我们的视野，也打破了传统的思维定式，课程将不再是一个封闭的系统，我们将不再只是关注就美术史、美术批评、美学及美术创作4大学科领域知识体系的孤立学习，而力求加强课程的综合性，在课程内容的设计中架构"人文关怀"的课程，在重视学生智力发展的同时也关注学生的情感体验和需求。由于学生的生活世界是一个联系日益密切的整体世界，不仅需要全面发展人的身心，同时也要加强和自然、社会、国家民族等各方面的依存沟通，基于此，我们的关怀课程内容将涉及下列主题：对自身及他人的关怀，对自然、社会、国家的关怀等。

---

① 燕良轼.解读后现代主义教育思想[M].广州：广东教育出版社，2008：70.

三、课程实施与评价

后现代课程对于知识的不确定性、建构性、动态性的特点决定了课程的实施也将成为不断生成、变化的过程,学生不再是知识的"被动接受者",而成为知识意义的主动建构者和创造者。同时,也急需建立一种多元的、开放性的评价机制,课程评价鼓励质性评价,通过档案袋评价方式、苏格拉底研讨评价、表现性评价等方式记录学生参与课程的整个活动过程,强调对学生学习过程而并非结果的评价,尊重学生的个性差异。

(1) 强调学生评价情景化

学生评价与课程、社会、文化背景的关系就是植物与土壤的关系。传统的学生评价是一项孤立的活动,它与课程及教学之间是一个线性发展的过程,从标准的制定,试题的选择,直到分数的评判都是独立存在的。后现代课程观给予学生评价的启示之一就是,它认为课程、教学应当与评价整合起来,贯彻到日常的教学生活中,或者是"嵌入"课程、教学的评价。

(2) 学生评价的开放性

开放性描述了一个既有物质交换又有能量交换的系统。按照普里高津(I. Prigogine)的耗散结构理论,学生的学习应当处于一种开放的状态,不断吸收新的信息,促使学习系统中所有的元素、单元和关系都处于不断重组、建构和"生长"的动态过程中,而且课程结构也呈现一种有机的、进化的过程。学生评价的系统也应当保持这种开放的状态,随时吸收外在的新信息、不断地根据实际情况建构学生评价的标准和方式,保证学生评价能始终处于发展和更新的状态,以此来推动教学过程的生态发展。

(3) 学生评价的非线性结构与自组织性

传统的学生评价是教师从教学到学生评价的过程,由于量化、精确性、客观性等特点的限制,呈线性结构。但是由于学生发展的个性化和教学应当设计具有多元化的目标及丰富多样的表现形式,评价本身也是很好的学习方式,学生能够通过评价巩固旧知识、建构新知识,反思教与学的过程,形成循环结构。

自组织性是指系统能自动地根据外部环境的变化而有目的地、能动地调整自己的结构或参数,使系统更好地适应新环境的组织过程。这是耗散结构理论的重要概念。学生评价的研究倡导反思、批判的思维模式,倡导多视角、多元化的方法论。这种方法给予了学生评价不断自组织、更新完善的可能性,它强调评价者与被评价者之间的对话;淡化鉴定、分等功能,强调促进学生发展的功能[①]。

基于后现代课程观下的高中美术教育应重视在课程中渗透关怀的理念,强调人文关怀课程的开发。人文关怀课程将摆脱传统知识技能训练为主的局面,转变狭隘意义的课程体

---

① 王大根.美术教育的跨学科学习[C].第二届亚太区美术教育会议论文集.香港:香港教育学院,2004.

系，从课程目标、内容到评价实施将更为重视学生个体的可持续发展。在后现代课程观的引领下，我们主张围绕"关怀"的主题来组织课程与教学，使我们的美术教育展现出别样的图景。

那什么是"人文关怀的美术校本课程"呢？在中国传统文化中，"人文"与"天文"相对，"观乎人文，以化成天下"带有规范家庭、社会、国家各种人际等级关系的伦理概念。西方文化中的"人文"，泛指人类社会各种文化现象，其本质是以人为本，其内涵为对人类生存意义和价值的关怀，是以人为关怀对象，以人为中心的思想，比较突出人的个性、尊严、自由、平等、人身价值的实现等，即珍视人的自由和全面发展。人文关怀，就是重视人的因素，承认人的价值和主体地位，既要关注自然人生，同时应更加关注文化人生。人文关怀是对人的生存状况的关心，对人的尊严与生活条件的肯定，对人类的解放与自由的追求。人文关怀就是关注人的生存与发展。关心人、爱护人、尊重人，是社会文明进步的标志，是人类自觉意识提高的反映。

校本课程是一个外来词，最先出现在英美等国，至今已有30多年的历史了。一般而言，校本课程是指在国家课程和地方课程的基础上，以学校为基地，以学生发展为目的，以校长为领导，教师做主力，课程专家做指导，家长、社区人士共同参与开发，经过开放的、民主的、科学的决策而自主规划、设计、开发、实施、管理的一类课程[1]。在2002年颁布的《学校课程管理指南》[2]中将校本课程定义为以学校为基地进行开发的课程，教师开发课程的模式是实践——评估——开发，教师在实践中，对自己所面对的情况进行分析，对学生的需要作出评估，确定目标，选择与组织内容，决定实施与评价的方式。

本著作中所指的校本课程是既能体现学校办学宗旨，又兼顾学生个性需求，同时也结合了学校实际资源优势的课程体系。校本课程作为国家三级课程管理体系的重要组成，与国家课程、地方课程紧密结合，是学校课程计划的重要组成部分，具有多样性和可选择性的特点。学校本位课程的开发过程就是课程行动研究的过程，包含两层含义：一是指课程方案从最初的设计到实施阶段再至评价结果的三阶段统一过程，是一个不断发展、丰富、完善的动态研究过程；二是指根据已有的课程方案设计实施具有可操作性且针对性较强的课程计划，让各项课程活动更能满足学校及学生的发展需求。

笔者认为凸显人文关怀的美术校本课程开发应包含以下几点：一是在美术教育中渗透人文关怀，让学生通过参与各类艺术活动得以身心的滋养，形成基本的美术素养，关心学生的身心健康，塑造学生健康的人格；二是通过美术教育让学生学会人文关怀，即学会爱护自己，关心他人，关爱自然与社会；三是美术教育中人文性师生关系的建构，营造美术教育的"共享"氛围。本书将着重探讨如何开发凸显人文关怀的高中美术校本课程，针对目前高中美术教学中存在的问题，充分利用各种教育资源，激发教师的教育思考，关心学校的课程改

---

[1] 徐玉珍.校本课程开发的理论与案例[M].北京：人民教育出版社，2007：4.
[2] 中华人民共和国教育部制订.学校课程管理指南.2002.

革、关注课堂教学成效,构建人文性的师生关系,主动探索个性化的教学形式,建立适应本校发展和学生使用的校本教材。

　　笔者提出的走向人文关怀的美术校本课程,将进一步加强课程内容与学生生活的联系,将艺术与人文、与学生情感需求、与文化生活有机融合,关注美术课程中的人文性特点对学生的影响,使艺术学习成为学生理解他人和自己,关爱自然与社会的有效载体,同时帮助学生形成积极健康的心理状态,塑造学生更健康的人格,引导与提升学生积极的价值观。本著作根据目前市级层面高中美术欣赏教学中存在的问题,针对普遍的"重美术知识技能,轻视美术人文内涵"的教学现状,提出自己的改革思路,运用建构主义的教学模式,结合课程开发的实施策略及质性评价方式在校本课程设计的三个方面凸显人文关怀:教学内容凸显人文关怀、课程开发注重人文关怀、教学活动体现人文关怀,并基于此开展针对性的教学实验,使美术学习真正成为帮助学生形成基本美术素养的有效形式,通过美术教育关心学生的身心健康,帮助塑造学生健康的人格,让学生在感受人文关怀的同时更学会人文关怀。

目　　录

第一章　人文关怀美术校本课程的提出及教材编写 …………………………… 1
　一、对现有美术课程与教学问题的分析 ………………………………………… 1
　　（一）调查问卷的设计 ………………………………………………………… 1
　　（二）调查结果的分析（完全数据统计见附录） …………………………… 2
　　　1. 对美术教学中存在问题的分析 …………………………………………… 2
　　　2. 对美术校本课程中存在问题的分析 ……………………………………… 3
　　（三）对师生问卷调查结果的小结 …………………………………………… 3
　　　1. 学校美术教育功能单一 …………………………………………………… 3
　　　2. 美术欣赏教学效果不佳 …………………………………………………… 4
　二、人文关怀美术校本课程开发的思路 ………………………………………… 4
　　（一）人文关怀美术校本课程开发的三个关注点 …………………………… 4
　　　1. 课程开发注重人文关怀 …………………………………………………… 4
　　　2. 教学内容凸显人文关怀 …………………………………………………… 5
　　　3. 教学活动体现人文关怀 …………………………………………………… 5
　　（二）美术教师进行课程开发及教学的改进点 ……………………………… 6
　　　1. 转变教学观念 ……………………………………………………………… 6
　　　2. 提升人文素养 ……………………………………………………………… 6
　　　3. 加强过程设计 ……………………………………………………………… 6
　三、人文关怀美术校本课程教材编写 …………………………………………… 7
　　（一）人文关怀美术课程教材的编写理念 …………………………………… 7
　　　1. 课程教材的内涵 …………………………………………………………… 8

2. 课程教材的编写原则 ··· 9
　（二）人文关怀美术校本教材的编写思路 ······················· 10
　　1. 课程总目标与架构 ··· 10
　　2. 课程教材的内容 ··· 10

第二章　人文关怀美术校本课程的教学模式
——以教材中"美术与自然、社会与国家"主题为例 ············ 14

一、人文关怀美术校本课程支架式教学的开展 ····················· 15
　（一）搭建支架促发展 ··· 16
　（二）巧设问题创情境 ··· 17
　（三）协作学习共探索 ··· 18
　（四）完善对话助理解 ··· 18
　（五）意义建构成目标 ··· 19

二、人文关怀美术校本课程抛锚式教学的实施 ····················· 19
　（一）创设情境 ··· 20
　（二）确定问题 ··· 20
　（三）自主学习 ··· 20
　（四）协作学习 ··· 21
　（五）效果评价 ··· 21

三、人文关怀美术校本课程随机进入教学的设计 ··················· 22
　（一）设计主线 ··· 22
　（二）有效设问 ··· 22
　（三）故事引领 ··· 23
　（四）梦想交流 ··· 23

四、人文关怀美术校本课程综合运用教学的设计 ··················· 23
【案例一】《真诚、智慧，尚美——米勒〈拾穗者〉赏析》 ········· 24
　（一）明确教学目标 ··· 24
　（二）探究定向学习 ··· 25
　（三）"做中学"深入研讨 ····································· 26
　（四）重视教学评价 ··· 28
【案例二】《民间吉祥图案的赏析和运用》 ······················· 30
　（一）设计制作"吉祥抱枕"，利用信息资源支持"学" ········· 30
　（二）挑战"最近发展区"，体会人文内蕴传递爱 ··············· 31

第三章 人文关怀美术校本课程的教学策略
——以教材中"美术与人生"主题为例 …… 34

一、人文关怀美术教学的前提策略 …… 34
  （一）课程情境创设的策略 …… 35
    1. 创设课程开发的外部环境 …… 35
    2. 营造课堂教学的良好情境 …… 35
  （二）教学导入的策略 …… 36
    1. 出其不意、引发注意 …… 36
    2. 以问致思、开启思维 …… 37

二、人文关怀美术教学的实施策略 …… 38
  （一）教学方式选用的策略 …… 38
    1. 营造人文主题的欣赏氛围 …… 38
    2. 引导人文关怀的创作实践 …… 45
  （二）激发兴趣的策略 …… 48
    1. 以趣导学 …… 48
    2. 游戏促知 …… 50
    3. 以情带技 …… 51

三、人文关怀美术教学的提升策略 …… 53
  （一）促进思考的策略 …… 53
    1. 巧用对比法 …… 53
    2. 研究笔记法 …… 57
  （二）用技术解决问题的策略 …… 60
    1. 巧用数位板——数字油画创作 …… 60
    2. 定格动画创作 …… 66
    3. 创建微信平台 …… 68

第四章 人文关怀美术校本课程的教学评价
——以教材中"美术与心灵"主题为例 …… 71

一、着眼于学生发展的档案袋评价 …… 75
  （一）艺术学习档案袋 …… 75
    1. 档案袋的评价步骤 …… 75
    2. 过程型档案袋 …… 82
    3. 成就型档案袋 …… 87
  （二）运用档案袋评价的反思 …… 92
二、苏格拉底研讨评价 …… 93

（一）关于苏格拉底研讨式评定 ································· 93
    1. 明确教育目标 ··· 93
    2. 选定研讨的内容 ······································· 93
    3. 教师提出一个启发性问题 ······························· 93
    4. 选择研讨的方式、设计简明的记录表 ····················· 94
    5. 以多种方式完成评价 ··································· 94
  （二）苏格拉底研讨评价的实践案例 ··························· 94
 三、表现性评价 ·· 105
  （一）表现性评价在教学中的运用 ····························· 106
    1. 明确评价目标、了解创作过程 ··························· 106
    2. 设置表现任务、制定评价标准 ··························· 107
    3. 依据评价量规、完善教学活动 ··························· 109
  （二）运用表现性评价的反思 ································· 111

结语 ·· 113

参考文献 ·· 120

后记 ·· 122

第一章　人文关怀美术校本课程的
　　　　　提出及教材编写

一、对现有美术课程与教学问题的分析

为了更好地了解目前高中美术课程教学及校本课程开发的实际情况，发现其中可能存在的问题，笔者设计了一份调查问卷，通过问卷了解情况并收集第一手的资料，为人文关怀美术校本课程的开发建立背景基础，方便下一阶段美术校本课程的顺利实施。

（一）调查问卷的设计

(1) 目的：本次问卷调查旨在获得关于高中阶段美术欣赏教学现状及美术校本教材开发情况的数据，了解高中阶段学生心理健康状况，了解学生心理压力存在的程度及常用的解压方式，收集师生的意见与期望，更好地开发美术校本教材。

(2) 时间：2010 年 6 月—2011 年 5 月。

(3) 对象：上海理工大学附属中学、青浦一中、上师大附中、中原中学 4 所中学学生及美术教师(涉及本市市区重点及一般高中)。

(4) 样本组成概况：

发放数据 220 份，其中有效问卷 212 份。

表1-1 学生问卷样本组成

学校分布情况		性别分布情况	
学校类型	人数	性别	人数
市实验性示范性高中	70		
区实验性示范性高中	70	男	92
普通高中	72		
		女	120

（二）调查结果的分析

1. 对美术教学中存在问题的分析

学生：98%的学生喜爱上美术课，95%的学生都认为通过美术课堂学习可以对自己各方面产生积极意义：①放松心情，丰富生活；②帮助美术学习与创作；③开阔视野，提升思维能力等。超过半数的学生对目前学校美术教学现状表示不满，其中对课堂教师教学内容不感兴趣和认为授课方式过于传统的分别占统计总数的25.47%和16.98%。而其中认为通过美术学习能帮助提高个人人文素养的仅占22%。38%的学生明确希望教师的上课内容能结合自己的学习兴趣，92%的学生对自主上课的课堂形式愿意尝试，85%的学生认同有亲和力、幽默感的美术教师能带动他们的学习热情。

教师：93%的受访教师表示在目前的美术欣赏教学内容选择中大多还只是局限于中西经典美术作品的赏析和一些现代视觉艺术作品的赏析。尽管大部分受访教师认同美术对促进高中生心理健康的积极作用，但鲜有教师关注"运用美术手段和方法表达自己的情感"的教学内容。近三成的美术教师承认平时课堂教学中缺乏对美术作品人文性内涵的关注。

通过调查与分析，我们发现在高中生中有76.11%的同学认为在学习、社会生活等方面存在心理压力，占接受调查的学生的大部分。这说明学生中自认为在学习、社会生活等方面存在心理压力的人数居多，且随着年纪的增长压力也随之增加。而占半数左右的学生经常会想起一些不愉快、后悔的事并总是耿耿于怀或十分懊悔，还有三成学生认为自己记忆力差、学习能力存在问题，并带有明显的自卑情绪，经常会莫名其妙地叹气。这些都说明在高中生中存在心理问题的学生不占少数。

通过问卷我们也发现，尽管高中生心理问题日渐突出，但他们了解并运用的解压方式并不多。67.3%的被调查学生表示希望学会运用一些有效途径来缓解自身的心理压力，调控心理状态。而在被问及平时感觉心理状态不佳时会运用哪些调节方式时，学生大部分选择了音乐、阅读、网络和体育类活动，虽然83%的学生对美术能促进自身心理健康表示认同，但却只有11.32%的学生选择了曾运用过美术活动来调节心理状态，大部分学生表示愿意在教师的指导帮助下尝试体验《心灵绘本》。美术教育所具有的特殊功能使学生通过丰富多样的美术创作体验活动和鉴赏审美活动获得其他学科学习无法获得的丰富体验,发展个性潜能,提高审美能力并达到预防、调控和治疗心理问题的目的,而调查数据反映了美术活动作为一种有效的缓解心理压力的方式在学生中的认知度并不高,大部分的高中生虽然认同美术对心理健康促进的积极作用,却并不了解如何具体运用这一有效的方式来缓解压力。

2. 对美术校本课程中存在问题的分析

学生:只有3%的学生表示曾经参与到美术校本课程的开发设计中。87%的学生认为目前校本课程的内容大多根据学校的需要或教师的专业特长来开发,很少关注学生的需要。63%的学生表示对校本课程的内容不感兴趣。86%的学生对能参与到美术校本课程的开发中表现出极大的热情和兴趣。绝大部分学生都认为美术校本课程的内容不应都侧重于传统美术技能技法的学习。

学习要求:希望美术校本课程的内容不只局限于经典艺术作品的介绍;能学会运用美术手段和方法表达自己的情感;能学会运用美术知识,探索与美术相关的各种问题。希望能参与到美术校本课程的开发中,选择自己感兴趣的学习内容,希望尝试自主上课的课堂形式。

教师:98%的教师认同校本课程在目前课程改革体系中的重要作用,74%的教师都有强烈的课程开发意识,明确美术欣赏课程在向学生解析艺术知识的同时也应关注到优秀作品中的人文内涵。通过美术教育活动帮助学生形成积极健康的心理状态,塑造学生更健康的人格。90%以上的教师所在学校开设了不同种类的美术校本课程。其中动漫设计类课程占25%,工艺制作类占10%,传统绘画技法类占60%,其他涉及中西美术史介绍的课程占5%。60%的教师认为因平时学校各项教学任务繁多而没有时间去关注课程的设计、实施和评价,使校本课程的开发只流于形式,成为课堂教学的一种补充。

教学期望:自己多学习相关的专业知识,希望能有更多适合教学的教材,能参加专业培训或得到专家指导,改变单一的课堂教学形式,设计人文性美术单元课程并加以整合。

(三)对师生问卷调查结果的小结

1. 学校美术教育功能单一

高中生由于面对诸多压力,学生普遍心理健康状态不佳,对调查中高中生普遍存在的心理问题教师应给予足够的重视。学校美术教育是传递美术经验、培养学生核心素养的活动,它既具有教育的一般功能,又具有其他学科无法替代的特殊功能,学生可以通过参与美术鉴赏学习或创作实践活动获得艺术体验,这些学习或活动带来的成就感对形成健康心理品质具有重要作用。而通过问卷调查我们却发现,往往教师们更为重视的是艺术教育的一般审美功能,课堂教学更倾向于对一些美术知识技能的教授,却相对忽视美术作为人文学科对提升学生人文素养、帮助学生形成良好心理品格等方面的作用。虽然美术教育在预防、调控和治疗学生心理问题方面的作用得到越来越多专家学者的认可,但在实际教学中美术教育作为促进学生心理健康的有效途径并未得到充分体现,而部分美术教师也缺乏对美术教育多样化功能的认识,这样的状况有待改变。

2. 美术欣赏教学效果不佳

(1) 课堂教学偏重知识技能传授

美术欣赏教学现状不尽如人意,学生对教学效果缺乏认同。主要表现为课堂教学形式和内容的单一。美术作为一门独特的视觉艺术,有自身的认知规律,有着自己独有的学科知识体系与技能表现方法,而在应试教育的弊端下学校美术教育往往朝工具性方向发展,美术教师的教学重点过多关注于美术学科的知识与技能,在知识为本的教育观下,教师将知识技能教学视为课堂教学的重中之重,缺乏对学生实际学习需求的关注,缺乏与学生实际生活的联系,缺乏对课程人文内涵的挖掘,缺乏对学生人文素养培养的探究。简言之,课程没有体现人文关怀,而我们的课程理应更关注对学生人文精神的养育、通过美术课堂的学习,让学生在掌握一定的美术知识技能的同时感受到美术教学中的人文关怀,并学会人文关怀。

(2) 人文美术课程开发缺乏关注

不少学校虽然都拥有自己的美术校本课程,但从目前的实施效果来看,部分课程只注重表面形式内容的热闹拼凑,华而不实。大多数校本课程更偏重于某些具体美术画种知识技能的介绍,基本以"双基"内容构成课程的全部,缺乏对课程能否激发学生美术学习的探究欲望、促进思维能力、创造力培养的思考。大多数学校的校本课程对人文美术内容的开发仍是盲区,课程开发依然延续着"重美术知识技能,轻视美术人文内涵"的现状。大部分学校的课程开发几乎没有学生的参与。在以技术和知识的传授为价值坐标的教育方式下,笔者发现我们的美术课程在设计和实施层面上都存在着人文教育缺失的现象,在实行素质教育的今天,更亟须加强对高中人文美术校本课程开发的实践研究。

二、人文关怀美术校本课程开发的思路

(一) 人文关怀美术校本课程开发的三个关注点

1. 课程开发注重人文关怀

后现代课程观认为课程是师生共同参与一起探究知识的过程,这一共同学习探究的过程不是教师事先所预设的、不是一成不变的,而是处于不断发展和变化中的,因为我们教学的对象是一个个具有鲜明个性特色的独立生命体,这就决定了整个过程具有开放性和灵活

性的特点。凸显人文关怀的校本课程从课程内容的选择设计到课程的开发实施都应充分考虑"学生的主体性",不仅在课程内容的选择上要凸显三大人文主题,注重人文关怀,在课程开发主体上也要敢于打破过去教师在课程开发中一统天下的局面,力求开发主体的多元化以体现人文关怀,具体表现在我们在学生中发出"邀请函",鼓励学生参与课程开发,成立课程开发的"智囊团",通过参与教材编撰、活动设计、课程评价等让学生体会完整的课程开发过程并乐在其中。通过师生的协作努力共同致力于课程的发展完善,在艺术资源整合共享的过程中,构建人文性的师生关系,真正落实艺术教育的人文关怀。

2. 教学内容凸显人文关怀

随着后现代社会的来临与课程观念的更新,艺术教育已不再只是知识的填充和纯粹的技艺游戏。艺术的审美情趣和情感体验对于学生人格精神塑造具有特殊意义,我们越来越重视美术课程内容与学生已有知识背景、现实生活及现代社会的密切联系,要求将艺术学习视为一种文化学习的过程,将艺术与人文、学生心理情感需求有机融合。我们将更关注美术课程中人文性教学内容的设计开发,人文关怀美术校本课程将围绕三大人文主题设计组织教学内容,从"艺术与自然、社会与国家""艺术与人生""艺术与心灵"三个主题学习板块入手,使艺术学习成为学生关注自身、理解他人、关爱自然与社会的有效载体,教学内容将体现主体与客体、人类与自然、个人与社会国家的多层次融合统一,同时帮助学生学会运用美术这一学习方式调节心理,形成积极健康的心理状态,以艺术的真善美完善人性的品格。课程内容试图通过培养学生欣赏和创造美的能力,凸显人文关怀,帮助学生建构真、善、美的艺术生命和艺术人生。

3. 教学活动体现人文关怀

体现人文关怀的美术课堂上老师是"平等的首席"。学生有意识学习不是一个被动接受知识、强化储存的过程,而是通过同化、顺应等心理活动和变化不断构建和完善认知结构的过程。人文关怀美术校本课程围绕三大人文主题的学习内容,运用建构主义的教学模式开展教学,我们无论在教学策略的选择抑或是教学评价方式的选择上都体现人文关怀,强调把学习置于真实的、复杂的情境之中,以学生为中心,让学生成为学习的主体,营造人文主题的欣赏氛围,引导人文关怀的艺术创作实践,探索多样化的教学形式,精心设计平等交流的教学活动,在课堂中让人文关怀得以充分体现,我们还通过有效的教学评价方法去引导、启发学生开展对自己参与艺术学习过程的评估反思,激发学生学习美术的积极情感。

（二）美术教师进行课程开发及教学的改进点

1. 转变教学观念

在美术教育中渗透人文关怀，教师的教学观念至关重要。因为正确的教学观念将直接引导教学方式的转变并体现于具体的教学活动中。作为教师我们应认识到每一个学生都是处于不断发展中的、具有无限潜能的、个性丰富的独特个体，人文美术教学就是要尊重每个学生个体，帮助发现他们身上的闪光点，通过艺术学习激发学生的艺术潜能，让每个学生都能成为更好的自己。所以，我们首先要改变传统教学中教师作为教学主导的局面，设身处地、以人为本地去设计开展我们的教育活动，通过多元化的艺术学习和创作活动涵养学生的身心，帮助学生塑造完美人格。

2. 提升人文素养

教育人文性的贯彻落实，关键在于教师，人文美术校本课程的开发设计迫切需要提高教师的人文素养。笔者认为可以从以下几个方面来努力：①提高美术教师的专业水平。美术教师的教学专业水平是加强美术教育人文性的根本。只有业务水平提高了随着专业知识结构的日趋完善，才能了解人文美术的重要意义，理解人文美术的课程内涵，从而设计开发出人文美术的课程内容。②提高美术教师的职业道德修养，加强教师的"育人"责任感，艺术教育是指向学生灵魂本质的学科，有着其他学科无法取代的直指人心的功能，究其最根本的教育的目的在于"立德树人"即"使人更好地为人"。从人文角度而言，美术教育要让学生加深对生命本质意义的认识与理解，形成尊重、包容、关怀、分享、感恩等良好的个性品质。

3. 加强过程设计

高中美术教学活动主要分为鉴赏学习和实践创作学习两大部分。美术鉴赏又是美术创作教学的基础，在欣赏经典作品的同时，教师应从作品形式、技法特点、创作观念和作品创作时的社会文化背景等方面指导学生理解艺术家创作的整个过程，从而指导学生尝试"像艺术家一样的创作"的过程。教师要设计好鉴赏教学的目标与过程，合理运用"学习单"，指导学生深入体会和思考作品的文化背景及思想内涵。教师更要相信每个学生都有学习美术的潜能，通过组织开展一些主题性的创作活动，帮助学生站在巨人的肩膀上，学习借鉴大师的表现风格，体会大师的创作情感，继而鼓励学生找到适合自己的绘画创作风格，结合自己的生活经历和情感投入艺术创作中。

三、人文关怀美术校本课程教材编写

人文关怀美术课程内容的重要载体就是校本课程。在课程教材的编写过程中,既要体现课标精神,同时也要努力构建科学的、开放的教材框架体系,使教材融人文性、基础性、趣味性于一体。我们希望打造学校的美术教育共同体,人文关怀美术校本课程开发的一大亮点就是打破过去由课程专家或教师一统教材编写的局面,最大限度地发挥学生在课程开发中的主动性,在教师的引导下学生以小组合作形式自由选择主题并利用 Publisher 软件完成教材的编撰。学生能参与到教材的编写与设计中将直接影响到学生对美术学习的兴趣,这不仅大大提高了他们的学习积极性,更让学生在教师的指导下成为学习真正的主人,学生审美品位、创新能力和个性品质也得到发展。师生的有效互动带来全新的课程体验,学生往往会提供许多看待问题新的视角和思路,为课程开发带来新的灵感、创意和思路,课程成为一个动态发展和变化的过程。在师生的共同努力下,我们编写了《在爱的名义下》上理工附中美术校本教材。由此校本教材既不是知识体系的浓缩与再现,也不再是学生被动接受的对象和内容,而成为引导学生认知发展、学会学习、人格构建的最佳载体,同时也成为师生对话、沟通的桥梁。

(一) 人文关怀美术课程教材的编写理念

高中阶段教育是学生个性形成、自主发展的关键时期,对提高国民素质和培养创新人才具有特殊意义。近年来,由于社会环境、经济转型、升学压力等诸多因素,学生正面对越来越多的成长压力,2010 年中共中央、国务院印发了《国家中长期教育改革和发展规划纲要(2010—2020 年)》,并发出通知,要求各地区各部门结合实际认真贯彻执行,其中对于高中阶段教育明确提出全面提高普通高中学生综合素质的要求,其举措之一即加强对学生的人文关怀。2003 年在普通高中美术课程标准中提到"普通高中美术课程具有人文学科的特征,能够帮助学生实现下列价值[①]:①陶冶审美情操,提高生活品质;②传承美术文化,弘扬人文精神;③激发创新精神,增强实践能力;④调节心理状态,促进身心健康;⑤拓宽发展空间,帮助人生规划。这些学科核心价值的提出让我们真正关注美术学科人文性在日常教学中的体现。笔者所任教的学校的办学理念是"尚理"。学校要求学生厚德知理、宽容明理、崇尚真理。在此办学理念的引导下我们培养的是厚德尚理、具有创新精神和国际视野的现代高中生。人文类学科校本课程的开发是学校课程体系建设的重要组成部分。我校体现人文关怀的高中美术校本课程是目前学校使用的上海市高中艺术课程的重要补充,具有自身的

---

① 教育部.普通高中美术课程标准(实验稿)[S].2003.

突出特点。课程建设凸显人文关怀、强调人文关怀,课程的根本任务是全面提升学生的艺术人文素养,促进其身心健康成长,帮助学生全面而有个性的发展,并为其终身发展奠定扎实的基础。

1. 课程教材的内涵

人文关怀的美术课程包括三点:①在美术教育中渗透人文关怀,让学生通过参与各类艺术活动得以身心的滋养,形成基本的美术素养,关心学生的身心健康,塑造学生健康的人格;②通过美术教育让学生学会人文关怀,即学会爱护自己,关心他人,关爱自然与社会;③美术教育中人文性师生关系的建构,营造美术教育的"共享"氛围。具体包括下述6项基本能力的培养:

- 理解自我与发展潜力
- 欣赏表现与创作
- 表达沟通与分享
- 尊重关怀与团队合作
- 主动思考与研究
- 文化学习与探索

首先,与传统美术课程相比,人文关怀的课程内容更为广泛,不仅包含对于基本美术知识与技能的学习,更注重引导学生通过感知体验、思考探究、创造评价等具有美术学科特点的学习活动,发挥美术学科的育人功能,提高学生的整体素养,通过美术这一学习方式加强学生对于自身心理状态的了解和调控,帮助学生理解自我、发展潜力、认识自己与自然环境、社会群体的关系,塑造更为健康的人格。其次,与一般学校的校本美术课程开发相比,我们整个课程的开发实施过程更强调学生解决和处理问题的能力,通过一系列人文美术课程所特有的活动方式——确定主题、搜集素材、构思创意、教材编撰、欣赏表现、创作展示、评价交流等引入美术学习活动中,并在整个过程中培养学生的自主学习与团队合作精神,引导他们在问题情境中主动思考探究、表达见解,学会用美术这一学习方式去沟通、解决学习或生活中遇到的各类问题。当然通过本课程的深入学习,学生能逐渐养成从文化的角度看待和理解美术作品和美术现象的习惯,认识中华民族的优秀文化,形成对中华文化的认同感,了解世界文化的多元性,尊重人类文化的差异性和多样性。最后,人文关怀美术校本课程的开发将有利于学生和教师的共同发展。我们将开发过程视为师生共同协作完成的过程,帮助学生认识自己的学习能量并将其充分发挥,在此过程中师生是一个学习的共同体,互相学习、互相促进、共同完善提高。

2. 课程教材的编写原则

（1）教材编写符合课标要求

教材的设计和编写要依据《普通高中美术课程标准》的要求，以高中阶段学生身心发展水平为参考，确保教材设计的总体思路与《普通高中美术课程标准》的要求相吻合，高中美术课标中指出："美术是运用传统与现代媒材及技术将感受、想象、思想和情感转化为视觉形象，以满足人的物质和精神生活需求的艺术创造活动，具有人文性和工具性价值。"人文关怀美术校本课程的设计强调的就是凸显"人文关怀"的特质，正是顺应了课标的要求。我们在此前提下统摄人文关怀美术校本课程内容、教材编写、教学模式、教学策略、课程评价等课程要素，帮助学生通过感知、体验、探究、创造和评价等具有美术学科特点的学习活动，在艺术欣赏及实践活动中形成美术核心素养、发展艺术综合学习能力，理解艺术文化现象，促进学生全面而有个性的发展。

（2）教材编写突出学生主体

教材编写力求突出"以学生发展为本"的理念，从学生的兴趣、能力和实际需要着手，将学生已有的知识经验作为基点，尽力调动各种课程资源，适当增加课程内容与其他学科及学生实际生活的联系，尽量使课程内容多样化丰富化，为学生营造一个自主学习的环境，培养学生主动探索、合作学习、自主研究的学习能力，满足学生全面而有个性的发展需求。学生将通过课程内容的组织筛选、资料整理、研究讨论等方式，完成教材的编写。

在课程开发形式上我们主张开发主体的多元化，我们打破了传统学校课程开发由课程专家和教师垄断课程的局面，针对问卷调查中极少有学生参与美术校本课程开发的实际现状做了改进。我们鼓励学生在课程开发中发挥积极作用，从三大人文主题的选择、课程资源的搜集整理、Publisher教材编辑软件的学习、主题研究型学习活动的组织开展等均充分发挥学生的主体地位。对于课程中不断出现的新问题、新情况，师生合力、共同思考，并随时根据具体情境和出现的问题，反思调整、完善课程内容。由此课程开发、教材编写都成为师生共同探索、解决问题、感受惊喜和共同成长的过程，课程理念得以真正落实。

（3）教材内容体现人文价值

课程教材内容的组织要充分考虑人文性的特点，凸显学科的艺术人文价值，让学生通过美术教学感受人文关怀并学会人文关怀。在"美术与自然、社会和国家""美术与人生""美术与心灵"三大课程人文主题下，我们精选能充分发挥学科育人功能的相关内容，尽力挖掘各种资源，使课程内容既丰富多样化又能贴近学生生活同时兼具时代特征。依据教材内容我们设计了相关的主题性研究型教学活动，将课程学习内容有机而巧妙地融入每个主题下的学习单元中。我们为学生营造自主选择的学习环境、积极创设富有意义的学习情境。校本教材在渗透知识性内容的同时更关注教材人文价值的体现，从教学目标、教学设计、教学实施、教学评价等各个方面整体考虑，从而确保课程由美术知识技能的学习向注重学生核心素养能力培养的转化。

（二）人文关怀美术校本教材的编写思路

1. 课程总目标与架构

（1）人文关怀美术校本课程的总目标

通过参与人文关怀美术校本课程三大主题的美术学习活动，在学习美术知识技能的同时运用感受体验、创意想象、创造表现等美术形式和方法，表达思想和情感，创造视觉形象，学会通过描述、解释、分析、评价等方法理解美术作品及美术现象。在逐渐培养美术兴趣和发展艺术能力的过程中，了解美术的社会价值，增进对民族优秀文化及世界多元文化的理解，发展艺术人文素养，促进学生身心健康，发挥美术课程的育人功能，完成立德树人的根本任务。就课程目标而言，它包括"探索与创作""审美与思考""文化与理解"三个层面。

探索与创作：通过艺术创作，丰富学生生活与心灵，学生能自我探索，增进自我认识与自我悦纳。

审美与思考：通过审美活动了解艺术作品的创作背景及人文内涵，理解并珍视各类艺术的价值，增进积极的学习态度，提升艺术人文素养。

文化与理解：了解艺术的文化脉络及其风格，扩展艺术视野，参与各类多元文化的艺术活动，增进对艺术与自然、社会和国家之间关系的理解。

（2）课程整体架构

校本课程由"美术与人生""美术与自然、社会和国家"以及"美术与心灵"三大模块所组成，各模块包含若干个单元，涵盖了人文美术课程比较重要的几个方面。详见表1-2。

表1-2 人文关怀美术校本课程的整体构架

美术与心灵	美术与人生	美术与自然、社会和国家
1. 关于积极心理学——走近美术治疗	1. 从印象派到后印象派	1. 艺术与自然——中国山水画中的人文精神
2. 绘本是什么——几米的世界	2. 呐喊的青春——蒙克的表现主义艺术	2. 艺术与社会——用艺术传递爱
3. 我手画我心——心灵绘本	3. 毕加索的艺术人生	3. 艺术与国家——从形式到精神
4. 我的故事——定格动画	4. 艺术是一种态度——现代艺术家徐冰	

2. 课程教材的内容

人文关怀美术校本课程的内容相当广泛，我校参考欧美地区、中国港澳台地区以及中国大陆其他学校的经验，根据我校的实际情况，制订了以美术与人生，美术与自然、社会和国家以及美术与心灵为主要内容的美术课程体系。

其中"美术与自然、社会和国家"主题旨在通过课程学习在学校美术教育中传递美术中的生态自然观,中国美术中的自然观源于复杂的历史因素,其独特的文化意义通过对相关作品的赏析研究可以洞悉其深刻的精神内涵。作为人类的生存环境,千变万化的大自然,是美术创作取之不尽的源泉,人类从中不断地汲取表现美的灵感,并创作出许多优秀作品。校本课程通过挖掘与自然环境相联系的素材,开发单元课程,结合生态自然观引导学生正确认识人与自然的关系,理解人与自然和谐相处之道,拓展艺术教育的视野,使之更适应社会的需要和时代的变化。同时该课程主题内容也从文化角度来分析和研究不同国家、民族的艺术特色,使学生既能认识中国优秀传统美术的文化内涵及其独特艺术魅力,形成对中华文化的自信、自尊和认同,增强民族自豪感和爱国情怀,同时也能理解不同国家、地区、民族和时代的美术作品所体现的艺术多样性,尊重和欣赏国外优秀的美术作品及艺术家。

"美术与人生"主题则以优秀艺术家的代表作品的赏析作为切入点,通过对经典作品的解读来了解作品创作的背后故事及艺术家丰富的人生经历和完整的作品创作过程,了解艺术家艺术风格的形成,因为艺术家的创作过程就是以美术作品为载体、通过视觉艺术的表现方式运用美术语言表达思想、阐明观点、解决问题的。学生通过该主题课程内容的学习,借鉴经典作品的技法和观念,深入了解并探寻艺术风格形成与艺术家人生经历的密切关系,理解一幅经典作品的诞生往往受画家所处的时代背景、个人经历、创作动因的影响,并最终通过创作实践体会"像美术家一样创作"的过程,尝试从单纯的知识技能学习转向美术创作,通过选题、积累素材、研究大师、临摹借鉴、创意实践等一系列学习步骤完成艺术的学习,这本身也是一个美术研究性学习的过程,让学生可以运用美术语言有创意地解决现实问题。

在"美术与心灵"主题版块的课程内容设置上,借用积极心理学的观点,运用美术治疗的方法手段,以一种开放的、欣赏性的眼光去看待学生在艺术学习中的潜能、动机和能力。我们通过绘本赏析、创作、定格动画制作等艺术活动的实施来完成学生的自我实现及完善健全人格的需要。无论是绘本欣赏的学习活动还是绘本创作的实践活动,学生参与其中都能产生各种积极体验、艺术学习自信心、成就感及适应环境的能力对形成健康心理品质具有重要的作用。其中绘本单元教学因绘本这种幽默夸张且通俗易懂的艺术形式深受学生喜爱,在进行有针对性的干预教学后对部分存在心理问题、经常性感觉心情郁闷的学生起到很好的效果,帮助调控其心理状态、消除心理障碍。而在定格动画的创作中学生把个人生活经验与美术知识技能相融合,并避免了一部分学生不擅动手画画的局限,让学生能自由大胆地进行创作,能够借助艺术作品尽情宣泄情绪,激发潜在的想象力和创造力,从这个角度而言,融入美术治疗的美术教育具有极大优势。以美术治疗为前提的美术教育,可以运用美术独有的情感和审美体验去帮助学生走出心理困境,缓解心理问题,促使健康全面的发展。

《在爱的名义下》美术校本教材目录

第一章 艺术与自然、社会和国家

  第一节 艺术与自然:中国山水画中的人文精神

    1. 隋唐的山水画——王维的山水画及山水诗

2. 宋元明清的山水画——黄公望与《富春山居图》
　第二节　艺术与社会：用艺术传递爱
　　1.《民间吉祥图案的赏析和运用》
　　2. 真诚、智慧、尚美——赏析《拾穗者》
　第三节　艺术与国家：从形式到精神
　　1. 从敦煌艺术到敦煌精神
　　　1.1 敦煌飞天壁画
　　　1.2 敦煌石窟艺术
　　　1.3 敦煌彩塑艺术
　　2. 各类艺术作品中的爱国情感表达
第二章　艺术与人生
　第一节　从印象派到后印象派
　　1. 修拉的点彩人生
　　2. 凡高的艺术生命
　第二节　呐喊的青春——蒙克的表现主义艺术
　第三节　毕加索的艺术人生
　　1. 关于毕加索
　　2. 立体主义画派揭秘
　第四节　艺术是一种态度——现代艺术家徐冰
　　1. 从专业到戏谑的改变——徐冰的现代文字艺术
　　2. 徐冰的现代装帧艺术
第三章　艺术与心灵
　　1. 关于积极心理学——走近美术治疗
　　2. 绘本是什么——几米的世界
　　3. 我手画我心——心灵绘本
　　4. 我的故事——定格动画

　　在校本课程教材中(如图1-1)加强人文教育的内容即利用美术人文精神去关怀学生，倡导"以人为本"的理念全面地尊重、理解和爱护学生，并教会学生运用美术这一独特的文化学习方式学会人文关怀。对于处于高考升学重压之下的高中生而言，美术课上教师营造的愉悦学习情境和人文化的关怀，必将对他们的身心健康及未来发展产生深远影响。走向人文关怀的美术课程以古今中外各类优秀艺术作品作为教学的基础，通过艺术及相关内容的探究学习——自身、自然环境与民族国家、社会文化，艺术家的个人经历与艺术风格等多元内容进行整体性思考，教学结合主题内容，从学生的兴趣入手，注重自然环境中的事物、社会环境中的人和物、学生实际生活和艺术创作体验中挖掘、生成教学内容，从而达到对学生的育人目的。

图 1-1　学生设计的校本课程教材页面

人文关怀美术校本课程开发的真正目的是希望学生在经历课程开发与实施的完整过程后，能拥有一颗柔软而敏感的心，透过这颗心他们能充满自信地观察这个世界，领略和欣赏生活中种种奇妙有趣和美丽的现象。美术的课堂教学，就是帮助学生在老师的引导下，通过艺术的鉴赏活动或实践创作的过程在内心产生欢愉和自由的感受，人文美术课程关注的是每一个鲜活的独具个性的学生个体，艺术教育面向的是全体学生，通过艺术学习培养学生图像识读、美术表现审美判断、创想实践、文化理解等美术核心素养，让每个学生都能身心健康、阳光乐观、不断成为更好的自己！人文教育会影响到社会的治乱兴衰，通过人性化的美术教育塑造每个学生的人文素养和人文精神，必然对整个民族的发展产生深远影响。

第二章　人文关怀美术校本课程的教学模式
——以教材中"美术与自然、社会与国家"主题为例

教学模式,是反映特定教学理论逻辑轮廓,为实现某种教学任务的相对稳定而具体的教学活动结构①。教学模式是教学活动的一种表现形式,在一定的教学思想或理论指导下并在教学实践中形成的,是用以规范教师组织教学过程的范型,具有指导师生进行教学活动的功能。

后现代教育的重要观念就是主张建构学习。建构主义的教育理论经历了一个较长的发展过程,在综合了前人的教育经验基础之上有所超越和提升,是对已有教育理论的继承和发展。建构主义的教学模式一般以学生为中心,教师成为教学过程中的组织引导者,教师往往利用情境、协作、会话等要素组织开展教学活动,充分调动学生的学习积极性,帮助、促进学生意义学习过程的开展,并最终使学生有效地实现对当前所学知识的主动建构。建构主义认为,知识不是通过教师传授得到,而是学习者在一定的情境即社会文化背景下,借助学习时获取知识过程中其他人(包括教师和学习伙伴)的帮助,利用必要的学习资料,通过意义建构的方式而获得。我校人文关怀美术校本课程的教学模式就是借鉴和运用了建构主义的教学模式。首先,我们认为学生对于知识的学习一定不是一个被动接受的过程,而是学生在师长、同学的帮助下,积极主动建构知识的过程,所以人文关怀美术校本课程强调学习者的自我发展的同时,并不排斥外部的引导。其次,人文关怀美术校本课程的学习重视学生在学习的过程中将之前学习中所建构的知识和经验作为新知识学习的生长点,即让学习的过程能唤起学生对已有知识背景的联系,在原有基础上获得发展和提高。最后,建构主义学习理论认为"情境""协作""会话"和"意义建构"是学习环境中的四大要素或四大属性②。我校人文关怀美术校本课程的教学模式正是强调这四大要素在教学中的重要作用。"情境":学习时

---

① 王大根.美术教学论[M].南京:南京师范大学出版社,2013:135.
② 何克抗.建构主义的教学模式、教学方法与教学设计[J].北京师范大学学报,1997(5):75.

的情境必须有利于学生对所学内容的意义建构,这就对教学设计提出了新的要求。在人文关怀美术校本课程的教学设计中我们不仅要考虑教学目标分析,还要考虑有利于学生知识建构的情境创设问题,并把这看作是教学设计的重要内容之一。"协作":协作应发生在学习过程的始终。人文关怀美术校本课程教学中通过师生间、生生间的协作分别完成对课程学习资料的搜集与分析、学习问题的提出与验证、学习成果的展示评价等直至最终达成学生对学习知识的意义建构。"会话":会话被认为是协作过程中不可或缺的环节。同样的人文关怀美术校本课程的学习也是通过学习小组成员之间的不断会话来商讨如何完成规定的学习任务;此外,协作学习的过程也是会话的过程,在此过程中,每个学生的思维成果都为大家更好的学习所服务,成为集体学习的共享资源,因此会话是达成最终知识意义建构的重要手段之一。"意义建构":这是整个学习过程的最终目标。在学习过程中帮助学生建构意义就是要帮助学生对当前学习内容所反映的学科本质、审美规律以及学生对艺术学习与现实生活的内在联系达到较深刻的理解。人文关怀美术校本课程教学模式就是借鉴运用了建构主义的几种常用模式包括支架式教学、实施抛锚式教学以及随机进入式教学。

《从敦煌艺术到敦煌精神》是人文关怀美术校本课程"美术与自然、社会与国家"主题下的单元课程,敦煌莫高窟作为我国古代艺术最重要的宝藏之一,保存有公元四至十四世纪1 000年间的25 000平方米的壁画,2 400多身彩塑,现存492个洞窟,是世界上现存规模最大、内容最丰富、延续时间最长的佛教艺术的文化宝库。对于生活在城市里的高中生而言,对敦煌艺术了解甚少,本单元课程以敦煌石窟建筑、壁画艺术及彩塑艺术为重点,穿插介绍敦煌艺术守护者们的感人经历,从人文角度重新解析敦煌艺术,课堂教师重在引导学生的自主研究学习,激发学生的学习热情,促进学生对自身的思考、对优秀民族艺术的热爱和对艺术捍卫者们的崇敬之情。

一、人文关怀美术校本课程支架式教学的开展

支架式教学被定义为:"支架式教学应当为学习者建构对知识的理解提供一种概念框架。这种框架中的概念是为发展学习者对问题的进一步理解所需要的,为此,事先要把复杂的学习任务加以分解,以便把学习者的理解逐步引向深入。"很显然,这种教学思想是来源于苏联著名心理学家维果斯基的"最邻近发展区"理论。维果斯基认为,在儿童智力活动中,对于所要解决的问题和原有能力之间可能存在差异,通过教学,儿童在教师帮助下可以消除这种差异,这个差异就是"最邻近发展区"。换句话说,最邻近发展区定义为,儿童独立解决问题时的实际发展水平(第一个发展水平)和教师指导下解决问题时的潜在发展水平(第二个发展水平)之间的距离。可见儿童的两个发展水平之间的状态是由教学决定的,即教学可以创造最邻近发展区。建构主义者正是从维果斯基的思想出发,借用建筑行业中使用的"脚手架"(Scaffolding)作为上述概念框架的形象化比喻,其实质是利用上述概念框架作为学习

过程中的脚手架。这种框架中的概念是为发展学生对问题的进一步理解所需要的,该框架应按照学生智力的"最邻近发展区"来建立,因而可通过这种脚手架的支撑作用把学生的智力从一个水平提升到另一个新的更高水平。在人文关怀美术校本课程支架式教学形式下教师的"教"是一个必要的脚手架帮助引导学生,而学生借助这一"外力"不断地建构自己,不断创造新的能力,教学往往由以下几个环节组成。

（一）搭建支架促发展

支架教学中的"支架"应围绕当前学习主题,根据学生的"最邻近发展区"的要求建立概念框架,借助支架作用不断带动学生的自我发展,引领学生达到更高水平层次。教师可以根据对教学目标的理解,将教学任务循序渐进、由浅入深地加以分解,开展有效的单元化教学,详见表2-1。

表2-1 《从敦煌艺术到敦煌精神》单元设计

课程名称	从敦煌艺术到敦煌精神			
课程目标	1. 知道敦煌莫高窟的历史由来、了解莫高窟在中国历史文化中的地位。 2. 知道莫高窟的石窟建筑、佛教壁画、彩塑及其相关背景。 3. 了解不同历史时期受不同文化影响下的敦煌艺术的特征。 4. 通过艺术创作表现对敦煌壁画艺术的基本认识。			
总课时数	共计6周,6节课(每周一节)			
单元名称	敦煌飞天壁画赏析	敦煌石窟艺术	敦煌彩塑艺术	神游敦煌
具体目标	1.1 能简单描述敦煌壁画的题材分类及其艺术价值 1.2 能了解飞天壁画的创作背景 2.1 知道敦煌守护神常书鸿的故事 2.2 能以直观感受表达对飞天壁画的印象、感觉 3.1 能说出飞天壁画的艺术表现手法 3.2 能了解不同历史时期飞天壁画的主要特点 3.3 能了解常书鸿为飞天壁画所作的贡献 1.3.4 能知道飞天壁画所蕴含的宗教文化及其意义	2.1 能认识莫高窟石窟建筑的基本形式及其宗教意义 2.2 理解敦煌石窟形式在不同时期的艺术特征	3.1 知道敦煌彩塑的制作方法和种类 3.2 了解敦煌彩塑的主要题材内容 3.3 知道敦煌彩塑的大致时代演变过程,并能结合时代背景分析不同时期彩塑艺术的特征 3.4 通过中西维纳斯的对比,理解分析中西雕塑艺术表现方法的不同并进而理解中西艺术创作观念的差异	4.1 临摹飞天壁画的线描稿,感受飞天壁画线条艺术的魅力 4.2 设想自己是敦煌艺术的传承人,创造一幅具有一定文化内涵的飞天作品 4.3 作品中能体现敦煌飞天"以线造型"的艺术特色

(续表)

教学时数	2节	1节	1节	2节
教学重点	1.课程说明 2.说明本单元与最后一单元创作的关系 2.通过莫高窟具有代表性的飞天壁画赏析和常书鸿故事介绍理解敦煌飞天壁画的创作背景及其所蕴含的宗教文化 3.引导学生思考认识中西飞天在艺术表现上的不同	1.介绍莫高窟石窟建筑的背景及文化内涵 2.理解莫高窟石窟形式在不同历史时期的艺术特征	1.了解敦煌彩塑的主要题材内容 2.能结合时代背景分析不同时期彩塑艺术的特征 3.引导学生思考中西创作观念不同导致雕塑表现手法的不同	1.通过临摹到创作的实践加强学生的学习效果 2.深入理解体会飞天壁画中"以线造型"的艺术特色
教学资源	1.莫高窟介绍DVD 2.敦煌飞天图例 3.学习单	1.石窟建筑图片数张 2.学习单	1.敦煌彩塑图例数张 2.学习单	1.飞天壁画线描稿图片数张 2.教师示范图例 3.八开绘画纸
教学媒体	笔记本电脑、投影仪,PPT课件	笔记本电脑、投影仪,PPT课件	笔记本电脑、投影仪,PPT课件	笔记本电脑、实物投影仪,PPT课件

本单元学习即围绕"敦煌艺术"的壁画、石窟、雕塑等领域内容,将复杂的单元学习任务分解为相关子课时学习目标,通过子课时学习,层层递进,学生通过教学活动的积极参与,理解逐步引向深入学习,使自身的认知水平从一个高度上升到另一个新的高度,真正做到教学走在发展的前面。

(二)巧设问题创情境

建构主义重视对学习环境中的情境设计的要求,认为教学设计不能单纯考虑教学目标,还要考虑能否将学生引入一定的问题情境中,创设的学习情境是否有利于学生对学习内容的意义建构等,因此在人文关怀美术校本课程的学习环境下真实情境问题的设计成为教学的重要环节之一。本单元的授课内容以敦煌莫高窟的壁画、雕塑及石窟建筑艺术为主,在课堂主线的基础上穿插安排了情感辅线即介绍"敦煌守护神"常书鸿老人为了将敦煌艺术发扬光大,如何放弃优厚的生活条件,甘愿50年如一日地坚守在戈壁荒漠,从事敦煌艺术的研究和保护工作的感人事迹。在课程开始教师通过常书鸿故事的介绍,向学生提出以下问题:

- 你认为常书鸿为什么要放弃优越的生活条件,独自栖息于戈壁荒漠从事敦煌艺术的研究和保护工作?
- 敦煌艺术究竟有着怎样的艺术魅力?

- "飞天"这一艺术形象为什么会出现在遥远的千年壁画上,她蕴含着怎样的美好寓意?
- 中西雕塑艺术有何区别?

基于问题的课程通过真实的问题情境来激发学生的学习兴趣,配合学习单的使用让学生将自己对于本课程学习较感兴趣的问题记录下来,帮助他们开展更为有效的学习。

(三)协作学习共探索

基于问题情境的学习要求教师培养学生的协作学习能力,帮助学生学会研究调查问题,以学习小组的形式开展自主学习。师生、生生之间的协作应贯穿整个学习活动中,其中对学习资料的整理分析、学习进程的阶段反馈及学习结果的评估认定对最终学习知识的意义建构都起着十分重要的作用。在学习《敦煌彩塑艺术》时,教师通过分析讲解"中西维纳斯的对比",尝试从中西雕塑的区别入手,让学生体会雕塑在具体艺术表现手法上的差异。教师分析:中国雕塑注重"形神兼备",通过大量的线条表现丰富的内涵。西方雕塑则注重形态的完美与真实,通过块面体积强调雕塑作品对人体真实结构的把握。教师随即鼓励学生以合作小组的形式开展有关"中西飞天艺术的对比"的讨论学习,要求学生根据主题要求(分别要求学生从"飞天"表现、艺术形象、造型手法及创作观念四个方面开展调查研究),学习小组成员之间可以通过协作交流、平等对话来商讨如何完成这一对比学习的任务。在学生开展合作学习期间,教师可以多关注每个合作小组的学习情况。对于部分学习能力较强的合作小组,教师可给予充分的信任,尽量不要干扰他们,教师不必要的帮助只会剥夺学生自我学习的机会,打击学生的主动性。但对于部分学习能力较差的小组可能需要教师更多的关注和指导,例如:有的合作小组对于"创作观念"这一概念缺乏了解,导致学习目标不清而不能完成既定的任务。这时教师可举例西魏飞天壁画的创作受南北朝时期画家的绘画观点和理论的影响,以此帮助学生更好地理解教师的用意。

(四)完善对话助理解

协作学习的过程是一个伴随着对话交流活动不断发展完善的过程。学生们根据学习内容,不断进行与客观、人际、自我的三重对话。知识的学习在对话交流的过程中得以螺旋上升,学习内容本身也随着对话的开展而逐渐深入和完善。课堂上学生先以小组形式进行"中西'维纳斯'对比"的对话学习,而后的组间讨论更像是一场辩论会,"西方维纳斯的立体感,中国彩塑的线条感——艺术观念决定艺术形式"成了讨论的焦点所在。观点与观点的碰撞沟通成为学生全面看待问题、思考问题的有效途径。小组协商、讨论的结果可以使原来相互矛盾且态度纷呈的复杂局面逐渐变得明朗、一致起来。同学们最终在共享集体思维成果的基础上达到对当前所学概念比较全面、正确的理解。在这样的对话过程中每个学生都有机会独立思考与判断问题并将学习过程在学习单上加以记录。基于各自研究学习基础之上的讨论对话,使学生及时对之前搜集的学习资料进行补充和完善,并最终完成对学习结果的自我反思。交流对话的过程让学生们受益匪浅,正是这样的三重对话帮助他们加深巩固了学习内容,并尝试自己去总结艺术形式的规律及中西创作观念的区别,最终形成对于中国敦煌彩塑艺术智慧表现的认识与理解——敦煌彩塑形象的创造是基于客观自然的主观创造,是中国写意艺术的具体表现,是心与物的结合,更是民族智慧与创造力的非凡表现。

(五)意义建构成目标

"意义建构"是整个学习过程的最终目标,在学习过程中帮助学生建构意义就是要帮助学生对当前学习内容所反映的事物的性质、规律以及该事物与其他事物之间的内在联系达到较深刻的理解[①]。老师让学生在课堂上尝试以"角色互换"的方式交流、评价各自的学习成果,最大限度地调动学生的学习热情。在"中西飞天之差异"的讨论汇报单元,学生们个个情绪高涨,急于将自己小组的研究成果与大家分享,并通过学生个人的自评及学习小组之间的互评对课堂学习效果开展评价,评价内容包括:1)自主学习能力;2)对小组协作学习所作出的贡献;3)是否完成对所学知识的意义建构。同学们纷纷体验着做"小老师"的成就感,更感受着思想真知灼见的碰撞,这些知识的习得过程远比单纯的教师直接讲授更有意义。通过大家的集体探讨,教师再加以适当地补充,学生们自己概括出了中西飞天艺术的差别,见表2-2:

表 2-2 中西飞天艺术对比表

中西"飞天"艺术对比	"飞天"表现	艺术形象	造型手法	创作观念
西方天使	翅膀	写实,体态丰满,强壮有力	块面为主	模仿自然
敦煌飞天	衣饰飘带	平面化、浪漫化、装饰化	线条为主	迁想妙得

二、人文关怀美术校本课程抛锚式教学的实施

抛锚式教学要求建立在有感染力的真实事件或真实问题的基础上。确定这类真实事件或问题被形象地比喻为"抛锚",因为一旦这类事件或问题被确定了,整个教学内容和教学进程也就被确定了(就像轮船被锚固定一样)。人文关怀美术校本课程抛锚式教学认为,学习者要想完成对所学知识的意义建构,即达到对该知识所反映事物的性质、规律以及该事物与其他事物之间联系的深刻理解,最好的办法是让学习者到现实世界的真实环境中去感受,去

---

① [美]莱斯利·P.斯特弗.教育中的建构主义[M].高文,等,译.上海:华东师范大学出版社,2002:24.

体验,而不仅仅是聆听别人关于这种经验的介绍和讲解。抛锚式教学中的"锚"即"目标",特指那些与现实相关的、具有感染力的真实"课题""项目"或"问题"。由于抛锚式教学要以真实事例或问题为基础(作为"锚"),所以有时也被称为"实例式教学"①。

在《神游敦煌》一课上,教师尝试通过使用实例来进行教学,使学生在真实的绘画环境中去体会中国线描艺术的魅力。通过真实问题情境刺激学生获得知识的渴望,这种教学方法可以让那些在课堂上没有学过的内容或潜在的内容为学生所认识,引起学生自发地去学习它们的兴趣。

(一)创设情境

创设情境是为了使学生在学习时能感受到和现实情况基本一致或相类似的情境,帮助营造快乐轻松的学习氛围。上课了,教师取出自己临摹的敦煌飞天壁画线描稿供学生传阅、观赏。学生在啧啧赞叹之余小声嘀咕:"这是用毛笔和墨汁画的吧?"教师微笑点头示意学生用准备的宣纸和毛笔随意画出几根线条。学生们小心翼翼地在纸上尝试起来,最终发现无论自己如何努力画出的线条还是歪歪扭扭,缺乏范画一气呵成的笔墨快感。这时教师适当提示学生尝试用毛笔的不同部位接触纸面并尝试调整用笔的力度和速度,然后对比看线条都会产生哪些变化。学生边练习边体会,在练习作品的比较和交流中感叹中国线描艺术的神奇。

(二)确定问题

在上述情境下,选出与当前学习主题密切相关的真实性事件或问题作为学习的中心内容(让学生面临一个需要立即去解决的现实问题)。选出的事件或问题就是"锚",这一环节的作用就是"抛锚"。本课时中对于中国敦煌飞天壁画中线条的学习就是这个锚,感受飞天艺术的线描魅力就是理解中国传统绘画以线造型的艺术精髓。

随着课堂练习的深入开展,教师适时地对比出示了中国传统十八描的线描图例,结合中国传统的十八种线描方式一边示范,一边讲解中国画"以线造型"的神韵所在,让学生体会中国传统绘画从某种意义上而言就是千年线描艺术的精髓。

(三)自主学习

课堂上不是由教师直接告诉学生应当如何去解决面临的问题,而是由教师向学生提供解决该问题的有关线索,并要特别注意发展学生的"自主学习"能力。自主学习能力包括:1)

---

① 何克抗,郑永柏,谢幼如.教学系统设计[M].北京:北京师范大学出版社,2002:167.

确定学习内容表的能力(学习内容表是指,完成与给定问题有关的学习任务所需要的知识点清单);2)获取有关信息与资料的能力(知道从何处获取以及如何去获取所需的信息与资料);3)利用、评价有关信息与资料的能力。

随着学习活动的深入开展,教师适时提问学生"线条的轻重缓急、疏密变化对飞天形象的塑造产生了怎样的作用?"并提供给学生有关中国传统线描艺术的相关书籍及网站用于学习参考。课堂上教师将东晋人物画家顾恺之《洛神赋图》中洛河女神的线描图例与西魏285窟中飞天图例做对比,鼓励学生制作对比表,通过比较鉴赏的方法来感受两者的异同,并组织学生开展自主学习,讨论、交流、分享彼此的不同观点。

(四)协作学习

学生们通过讨论、交流,对于不同观点的交锋、补充、修正、加深了每个学生对当前问题的理解。大家在讨论中可能会对线条的轻重、疾涩、虚实、强弱、转折顿挫等概念不甚了解,不同学生各抒己见,而讨论中发现的这些问题也正好为后续的深入学习提供了方向,通过随后的自主学习,课堂上大家再次提到各自对于线条的理解,他们感受到飞天线描艺术与顾恺之笔下人物线条用笔的相似之处。有学生便大胆提出观点"西魏石窟中的飞天艺术可能受到顾恺之画风的影响"。因为有了课后对魏晋南北朝时期画史的补充学习了解,学生们逐渐认识到其实早在南北朝时期,线条早已成为绘画主要的表现手段,而顾恺之颇具个人鲜明特色的"游丝描"深深影响了飞天的线描表现,飞天壁画中用于勾勒衣纹、发髻的线条正是体现着顾氏"春蚕吐丝"的线描特色。

(五)效果评价

由于抛锚式教学要求学生解决面临的现实问题,学习过程就是解决问题的过程,即由该过程可以直接反映出学生的学习效果。因此对这种教学效果的评价往往不需要进行独立于教学过程之外的专门检验,只需在学习过程中随时观察并记录学生的表现即可。

艺术学习重在体验和感受,随着学生学习热情的高涨,教师建议学生可以在中国民乐的背景声中,自由选择喜爱的飞天人物作品进行临摹,体会运用笔墨的感受和人物神态的表现。学生们通过具体的绘画实践,逐渐悟出了中锋运笔和侧锋运笔所产生的不同效果,流畅的线条和疾涩的线条所表达的不同感受,墨色的浓、淡、干、湿在纸面上产生的不同层次,等等,但更为重要的是绘画的实践练习让他们感受到中国线描艺术的博大精深,对画工们在飞天壁画中所表现出的炉火纯青的线描艺术无比崇敬。在最后的交流展示环节教师让学生们分享彼此绘画练习的感受,并对他们的阶段练习作品给予跟踪记录,并进行及时的评价和反馈。实践经验的积累不仅增加了他们对飞天壁画的理解和喜爱,也让学生更直观地感受到中国线描艺术的审美规律。

三、人文关怀美术校本课程随机进入教学的设计

由于认知事物的复杂性和问题的多面性,要做到对事物内在性质和规律的全面了解和掌握,即真正达到对所学知识的全面而深刻的意义建构往往是比较困难的。从不同的角度考虑可以得出不同的理解。为了尽量避免这些问题,教学中就要注意对同一教学内容,在不同的时间、不同的情境下,用不同的教学目的、不同的方式加以呈现。这样学习者可以通过不同途径、不同方式进入同样教学内容的学习,从而获得对同一事物或同一问题的多方面的深入认识和理解,这就是所谓"随机进入教学"。人文关怀美术校本课程随机进入教学认为教学永远不是一成不变的,即便是相同的教学内容,只要处于不同的时间、情境下教学或以不同的教学目的、教学方式加以呈现,出现的效果必将迥然不同。教学设计的艺术化处理往往可以帮助学习者借助不同途径、方式开展相同内容的学习,让学习者对同一问题能多角度、更深入地理解。当然,多次进入的结果绝不是简单重复,而是便于对事物全貌的理解有个质的飞跃,顺利掌握知识的迁移运用能力,让学习成为不断螺旋上升的过程。

(一)设计主线

同样的飞天壁画艺术的赏析课,当教师以随机进入教学的方法设计,呈现的将是迥然不同的课堂效果。本课教师以"梦想的力量"为主导,以千年中华飞天梦想为课堂主要线索并穿插敦煌守护神常书鸿老人为实现梦想付出艰苦卓绝努力的感人故事,让学生在感受飞天艺术美的同时,更能够体会美好梦想对人生引领的重大意义。在课堂情境的设置中教师播放了明代小官吏"万户"为了实现美丽的飞天梦自制"土火箭"最终爆炸身亡,付出生命代价的视频,引出悠悠千年中华飞天梦。

(二)有效设问

学生们在教师创设的课堂情境中开展协作学习,在已学过的飞天艺术知识的基础上加强对飞天艺术美的深入理解和探索。教师通过"美丽的伎乐飞天除了是中华艺术的智慧表现,其本身还蕴藏着哪些美好的寓意?"等问题培养学生的发散性思维,学生们在相互的交流讨论中交换彼此对飞天认识的不同观点,大家认为美丽的伎乐飞天之所以能成为敦煌艺术的代名词不仅在于她智慧的艺术造型,更在于飞天形象所蕴含的美好寓意和文化讯息,她是祖先浪漫想象的最佳载体,是对蓝天的憧憬,对自由的向往,飞天形象更是承载了中华儿女的千年航天梦想。而今,我们正通过自身的不断努力让飞天梦想变为现实,从"东方红"一号,到"神舟"系列飞船的成功发射,直至2011年"神舟八号"与"天宫一号"的完美空中对接,

我们用科技实现了古人的"飞天"之梦,向世界证明了中国人的"飞天"实力。

(三)故事引领

艺术学习是审美教育,它的学科特质决定了艺术学习的过程必然是一个生命引领感动另一个生命的过程,人文关怀美术校本课程的教学就是这样一个"以情促知、以美育人"的过程。本案例中要让生活在城市里的学生了解远在戈壁荒漠的敦煌艺术,首先就是一个让他们从感动到喜欢的过程。课堂上教师所讲述的敦煌飞天曾经的屈辱史、敦煌守护神常书鸿老人甘愿放弃优越的物质生活而选择50年如一日誓死保护敦煌艺术的故事都深深震撼并感动了学生。敦煌艺术的背后承载的更是如常书鸿这样的华夏儿女的敦煌精神,常书鸿为了实现"让飞天艺术在华夏大地上世代相传"的美好梦想,在艺术之路上所做的卓绝努力是一种强烈的爱国情怀,是对祖国、对民族艺术文化瑰宝的责任意识,而今我们在学习了解敦煌艺术知识的同时也更应该继承发扬这一敦煌精神。

(四)梦想交流

民族的梦想是民族得以不断发展、不断前行的动力,个人的梦想则是指引人生之路的风向标。我向学生讲述了敦煌守护神的故事后,便提示大家思考"梦想成真,你该怎么做?"从遥远壁画上的美丽飞天到常书鸿坚韧不拔为践行梦想付出的努力,从明代万户实现飞天梦想的勇气到中国航天科技的不断发展,在小组PPT交流环节,学生们以个人演讲的方式和组员分享了彼此的人生梦想:有渴望成为作家的,希望通过行万里路读万卷书来践行自己的梦想;有希望成为游戏设计师的并立志通过自己的努力改变人们对设计游戏就是玩世不恭的误解。学生们在课上畅谈着彼此的梦想并基于梦想做了各自脚踏实地的人生规划,更为重要的是在教师的引领下,这一学习的过程更带动学生对深层次人生命题的思索:"梦想固然重要,在确立梦想后,我更应该为梦想做什么?"多角度、不同方式的教学设计切入使课堂内容不再仅仅局限于艺术知识本身,而是让学生感受到更深入完整丰富的课程体验。

四、人文关怀美术校本课程综合运用教学的设计

人文关怀美术校本课程借鉴建构主义的教学模式,认为知识不是通过教师传授得到,而是学习者在一定的情境中借助他人(包括教师和学习伙伴)的帮助,利用必要的学习资料,通过意义建构的方式而获得[1]。在单元课程中教师既可以根据实际教学需要选择上述介绍的

---

[1] 钟启泉.现代课程论(新版)[M].上海:上海教育出版社,2003:48.

三种教学形式开展教学,也可灵活将多种教学形式加以综合运用,形成一种有效的学习环境,目的是以最适宜的方式促进学生的学习和发展,以取得最佳的教学效果。

美术鉴赏是高中美术教学中重要的教学活动,往往需结合美学、美术史、美术批评等相关领域的学习,是提高学生美术素养和文化修养的重要途径,通过鉴赏教学学生能学会讨论、解释和评价相关美术作品,为此美术教师要设计好鉴赏的教学内容,组织开展各类学习活动,通过有效提问创设课堂情境带动学生思考作品的造型元素和形式特征、主题内涵及文化背景,指导学生合理运用"学习单"促进学习交流,课后撰写鉴赏报告等完成学习反思,重视并加强教学评价在教学过程中的作用。

【案例一】 《真诚、智慧、尚美——米勒〈拾穗者〉赏析》

笔者在关于高中美术欣赏教学现状的调研中发现存在如下问题:

1. 学生对教师教授的内容兴趣不高;
2. 传统的教学氛围不利于学生的"畅所欲言";
3. 学生普遍认为教材的内容就是权威的没有讨论和深究的必要;
4. 学生对于课堂内容仅局限于表层理解,缺乏对思想、文化内蕴的探究;
5. 学生对于高中美术欣赏课开展评价的内容和方式比较茫然。

针对上述问题笔者提出以下改进点:

1. 综合运用建构主义的学习模式开展有效教学;
2. 兴趣是学习的最佳动力,通过研讨激发学习兴趣,兴趣进一步促进学习,同时带动研讨的深入进行;
3. 帮助营造调整学生课堂讨论的氛围,通过"激发矛盾"等方式促进学生的思维碰撞;
4. 鼓励学生在讨论中积极思维、大胆质疑,针对同一问题的不同角度、不同切入点开展学习,帮助学生形成开放性思维状态。

(一)明确教学目标

建构主义学习的目标是定向的,因为只有当学习者清晰地意识到自己的学习目标时,学习才可能成功。区别于传统的教学目标,建构主义的学习目标形成于学习过程中,与真实的学习任务密切相关。

鉴于此,笔者设计了《真诚、智慧、尚美——米勒〈拾穗者〉赏析》一课,该课时是"美术与自然、社会和国家"单元主题下的"艺术与社会"主题的子课时,教学设计通过对法国现实主义画派代表画家米勒《拾穗者》作品的学习,让学生基本掌握现实主义作品的欣赏方法,学会分析作品的艺术特色,理解画家的创作原则,在教学中注重美术学习内容与现实生活的紧密关联,使学生懂得感恩农民、尊重劳动,珍惜粮食,增强对经典艺术中渗透的"求真、向善,尚美"的价值观感悟,在积极的情感体验中提高审美意识和审美能力,理解"真诚、智慧,尚美"对于人生的重要意义。课前笔者精心设计了教学方案,先让学生形成学习小组以便于后续协作学习的顺利开展,随后教师下发任务书(见表2-3),即完成"抛锚",让每一个学生都明确学习目标及相关的学习任务,对于教师而言教学目的已不仅仅只是教会学生美术的基本知识技能,更为重要的是能否在艺术课上营造开放、活泼、有趣的学习环境;能否顺利引导学生积极主动地投入到艺术学习之中,并有所收获。

表2-3 米勒《拾穗者》鉴赏报告任务书

班级:	姓名: 年 月 日
\multicolumn{2}{l}{如果曾经有美术作品让你着迷,激发你对艺术学习的兴趣,那就学着用评论的方式去思考美术。历史学家、美学家和美术家的观点都会对我们有所帮助。法国农民画家米勒的《拾穗者》是19世纪现实主义绘画的杰出代表作品,请按照作品鉴赏的描述、分析、解释、评价四个步骤来撰写一份美术鉴赏报告。}	
描述	1. 作品的种类,比如:油画、国画、水彩、版画、雕塑等;作品描绘的具体内容。 2. 作品的尺寸、诞生地、创作时间、作者、主题、写实还是非写实。
分析	1. 分析作品的构图、色调;写实类作品的人物造型、明暗色彩、光线表现、画面构图等。 2. 分析画家本人跟同时代画家比较有何共性和个性,绘画风格对后世所产生的影响。 3. 与画家本人其他作品相比较,分析作者独特个性与风格。
解释	1. 解释你之所以喜欢这件作品的理由,是色彩、造形、肌理或构图?是画面的主题内容? 2. 美术作品是否具有象征性?象征什么?作品是否有深层意蕴?试加以说明。
评价	根据以上分析作出你自己个性化的评价,表达你的真实想法。

(二)探究定向学习

建构主义学习强调"探究定向的学习"(discovery-oriented learning)。"建构性学习在探究方面通常是强有力的。尤其是在学习过程激发动机的起始阶段和以应用为目标的结束阶段,探究学习的地位是很重要的。"[①]这种建构是无法由他人来代替的,为此,我们提倡学生的自主学习、合作学习和研究性学习。

以往欣赏课堂教师永远是主角,学生被动地接受既定的知识,即便课堂上出现小组讨论也大多流于形式,学生三三两两围坐一起并不明白合作学习的真正意义,讨论了半天也不知所云或干脆以组长个人观点意见为主代表全组发言。本案例中课堂研究学习的重点是现实主义画家米勒的经典作品《拾穗者》,为了帮助学生更好地理解作品是如何完美地诠释了米勒"对现实生活的思考,对平凡劳动的敬重和对农民的感恩"。课前教师通过问题"现实主义绘画作品是不是仅凭画家情感上的真诚、描画上的真实,就能使作品成为经典?"引导组织学生的分组学习,教师设计了角色体验游戏——发现你的"艺术之眼",游戏充分发挥学生的积

---
① 高文.建构主义学习的特征[J].外国教育资料,1998(1):35.

极性,告知学生可以按小组自由进行角色身份的选择,小组成员可任意选择"艺术家""艺评家""收藏家"三种身份之一参与游戏,但一旦做出选择就必须根据所选择的角色背景针对作品的某一方面开展研究性学习,并对作品做出进一步的分析,并对研究分析结果形成书面报告,于是选择的过程便包含着学生的思考和研究,小组的合作学习不再是盲目无目的的,小组学生完全可以根据自己的兴趣点选择作品欣赏的1个或2个切入点进行后续学习。

(三)"做中学"深入研讨

建构主义学习首要的核心特征就是"积极的学习"。"建构主义认为,学习应该是积极的,因为当学生用有意义的方式学习教材并对输入的信息进行加工时,他们必须做一定的努力。"[①]杜威认为经验是人和自己所创造的环境的"交互作用",主观和客观的区别只是经验内部的区别。因此他非常强调"尝试"、用人的各种感官参与学习,提出"从做事中理解意义"(即"做中学"),改变"身心分离"的机械的学习方法。

《拾穗者》的成功有赖于米勒对画面的智慧经营,而课堂实践活动——角色体验游戏就是通过学生的合作学习,有针对性地对作品作进一步的分析。学生在教师的启发引领下围绕着米勒《拾穗者》作品的相关问题进行深入学习探讨。根据各自小组的角色分工各司其职,选择"艺术家"小组的学生将围绕《拾穗者》作品的艺术特色进行分析,选择"艺评家"小组的学生将就作品隶属的现实主义画派这一风格流派开展学习,而选择"收藏家"小组的学生就作品的艺术价值及其产生的艺术影响开展研讨学习。在课堂上同学们根据角色身份的选择分小组展开热烈的讨论。"艺术家"小组的学生大多没有接触过油画作品,所以首先需要通过研究和自学来了解这幅油画《拾穗者》,课前他们已经在图书馆借阅了相关书籍,并上网查找资料,熟悉并了解作品的创作背景及画家的个人经历、绘画风格,然后在课上针对各自的学习成果互相交流。选择"艺术家"小组的学生就《拾穗者》作品艺术特色的四个方面(题材内容、人物造型、明暗色彩、构图空间)进行研讨学习,通过讨论得出作品的4大特色:题材内容客观真实、绘画人物朴实凝重、画面色彩对比和谐、构图空间烘托主题。在分析作品"构图空间"时,小组同学为了更好地加以学习研究,用自制的FLASH动画还原了米勒在构图中对黄金分割比的巧妙运用,结合小组成员自己的学习理解,他们通过动画辅助线的方式进行三种不同构图方式的对比鉴赏,来感受画家对作品构思的匠心独运。通过对米勒同时期其他作品的研究对比,同学们还发现了米勒独特的绘画技法和经验,如:喜欢将前景人物置于逆光下、人物脸部五官细节的刻意模糊、地平线的压低处理等。这些结论都是在"做中学"和自主学习的方法中获得的,而课堂中的很多问题则是通过小组和同学间的"协作"与"会话"解决的。

学生小沈在课后的小论文中说:"在学习过程中,老师给予了我们充分的自学空间,让我

---

① 高文.建构主义学习的特征[J].外国教育资料,1998(1):39.

们学会自主分析、独立判断,学习中对于不理解的问题,老师没有直接给出答案,而是适当引导启发,并建议我们通过分组的合作学习,凭借集体的智慧解决个人的困惑,整个学习的过程不仅有助于对作品的深入理解,更重要的是通过合作交流有助于增强同学之间的协作意识,有利于成功。"

学生作业:米勒《拾穗者》的鉴赏报告

《拾穗者》是19世纪法国现实主义农民画家米勒创作于1857年的经典名作。布面油画,尺寸:83.5cm×111cm,现藏于法国奥赛博物馆。

米勒生活的19世纪中期正是法国社会动荡不安的年代,历经资产阶级革命胜利后的法国农村依然处于封建宗法制度控制下,繁重的农业劳动,艰苦的现实环境使农民生活异常艰难,"为什么世上最勤劳的人却是最贫困的人?"是当时一直困扰米勒的疑问,"我要为农民而画、为永远而描画",米勒决心借助画笔向世人展现真实的纯朴勤劳的法国农民,揭露资本主义社会的不合理。

在这幅《拾穗者》的画面中,米勒描绘了三个正弯着腰,低着头,在收割过的麦田里捡拾剩落麦穗的农妇形象。秋收的时节,收割完毕的麦地,远处金黄高耸的穗堆与刚刚扎捆成束的麦梗错落摆放。踏着夕阳余晖的三位拾穗妇女正弯腰拾取散落的穗粒,她们穿着粗布衣裙和笨重的木鞋,左侧的两位农妇正快速地捡拾地上的穗粒,右侧年长的农妇历经一天的劳动,显然已十分疲惫,正抬腰略作小歇,一边仔细地巡视麦地,看是否有漏捡的麦穗,她们与远处的丰收场景显得这样格格不入。

米勒曾说:"我生为农夫,死是农夫,无论如何农民这个题材对于我是最合适的。"米勒将画笔直接聚焦农民艰辛和苦难的现实生活,与之前的新古典主义画派崇尚英雄人物、历史神话题材的内容迥然不同。客观地反映生活,将社会底层的农民置于画面前景以突出主题,这在当时是个巨大的突破,除非是肖像画,很少有画家这么做。现实主义画作《拾穗者》的生命就在于这种真实与真诚之中。画面中拾穗的农妇描绘得如同希腊女神雕塑般厚实,使每一个人物造型都带上永恒的意味是米勒独特的艺术处理方式。与以往同类题材中被塑造得粗俗、滑稽的农民形象不同,米勒笔下的农妇庄严、朴实而又凝重。米勒借鉴学习了米开朗琪罗宏伟的纪念碑式的人物塑造方法,用厚实概括的笔触进行身体轮廓的描绘,这与米勒热爱强壮之美、喜欢力感的审美意向是一致的,因为这些正适合表现农民本身所具有的强壮、有力、结实的特征。画面笼罩在暗黄主调形成的色彩下,给人一种宁静而含蓄、庄严又伤感的感觉,米勒同时也十分注重人物衣着的色彩呼应与冷暖对比,丰富的色彩被统一于柔和的黄色主调中。米勒十分擅长处理画面中的光线,从画面背景透过来的天光,让前景的主题处于阴影中,这是米勒独特的艺术处理方式,笃信基督教的米勒相信光是宗教崇高的隐喻,让三位农妇处于逆光之下,尽管前景的人物处于阴影中,但强烈的明暗对比却使她们的动作和躯体更富有表情。作品采用横向的水平式构图方式显示出均衡与稳定,横式构图使画面具有一种宁静感。曲线人物轮廓与地平线穿插,使画面在均衡之中又产生出微妙而有序的律动感和韵味,画面空间分割遵循古希腊人发明的普世美的法则,以黄金分割点组织画面,将劳动的艰辛、善良的人性、苦难的容忍,都融入和谐完美的画面构图中。"严肃的平视"是米勒空间表现的一大特色,如同米勒的其他许多作品一样,地平线清晰地出现在画面约三分之一处,画面显得平坦、宽广。我们在观赏这些作品时好似与画中人并肩而立,真实地面对着农妇们日复一日辛勤劳作的田野大地。

米勒的《拾穗者》诠释了他对现实生活的思考,对平凡劳动的敬重和对农民的感恩。起源于法国的现实主义绘画是19世纪30年代至19世纪70年代兴起的一次影响深远的美术思潮,提倡客观地观察现实生活,按照生活的本来样式描写现实,真实地表现典型环境中的典型人物,艺术家尤其关注对社会底层人物的人文关怀,在绘画技法上采用典型的写实的、忠于自然的表现技巧,是精确反映现实的艺术。代表人物有库尔贝、杜米埃、米勒、列宾等。"现实主义画派"为19世纪末的印象画派的产生奠定了坚实的基础,并且起到了承上启下的作用。而米勒的绘画艺术更是影响了如凡高这样的西方后印象派大师和一大批的中国画家。

米勒是西方绘画史上难得的怀着深深的同情和敬意,倾注全部心血来表现农民的画家。除了《拾穗者》之外,如《晚钟》《牧羊女》《播种者》等都是米勒创作的农民题材作品,米勒笔下的农民形象虽然从未被美化却幅幅闪烁着人性的光辉,让人倍受感动。现实主义作品的力量贵在"真"字,真实的题材内容,智慧的艺术表现,美好的情感寄托,赏析米勒的《拾穗者》除了让我感悟到经典艺术美的同时,更充满着浓浓的正能量,它让我明白珍惜粮食、杜绝浪费、尊重劳动、学会感恩。

——郑祺铭

(四)重视教学评价

学习的诊断性与反思性是建构主义的两个核心特征,这意味着,学习者必须从事自我监控、自我测试、自我检查等活动,以诊断和判断他们在学习中所追求的是否是自己设置的目标。显然,诊断与反思是建构主义学习评价的重要组成部分[①]。

人文关怀美术校本课程中的教学评价对整个教学活动起着导向与质量监控的作用,是教学成败的关键环节之一。我们认为,评价受"多元主义"价值观所支配,评价主体不是单一不变的,学生、其他参与者甚至是家长也可以成为评价主体参与到评价活动中;而评价是一种民主协商、主体参与的过程,是评价者和被评价者共同"协商"后心理建构的过程,为了更好地了解并掌握学生自主学习的情况,笔者和学生一起针对学生在整个学习活动不同阶段的表现商讨、制定了评价准则如下表2-4:

---

① 高文.建构主义学习的特征[J].外国教育资料,1998(1):37.

表 2-4 《米勒〈拾穗者〉赏析》评价准则

姓名　　　　　　班级　　　　　　　小组　　　　　　　日期

评价项目	得分	描述
研讨态度（20%）	20-15	认真听取同学意见,全程关注研讨,积极思维,踊跃发言,能用规范的用语。
	15-10	比较投入,能够听取大多数同学的发言,发言较踊跃,较多时候能用规范用语。
	10-5	对研讨的过程关注程度一般,发言欠踊跃,发表观点不够规范。
	5以下	完全不听取研讨,不发表任何观点或吵闹。
语言表达（20%）	20-15	能够自信清楚地表达观点和意见,思路清晰流畅。
	15-10	能较好地表达自己的意见,思路具有一定的条理性。
	10-5	不能完全表达自己的意见,思路较混乱。
	5以下	完全不能表达或不表达自己的意见。
材料收集（20%）	20-15	能根据角色分工很好地完成相关材料的收集、按要求进行资料的整理汇总,查询到的资料全面、权威,内容或形式上都具有独到性。
	15-10	较好地完成收集材料的任务,比较全面。
	10-5	搜集的资料较为零星混乱,只是应付作业。
	5以下	不搜集任何的书面或图片资料。
观点合理（20%）	20-15	客观理性地综述讨论的观点,在充分思考的基础上形成自己见解。
	15-10	表述观点基本正确,但部分不够全面客观。
	10-5	表述观点模糊、缺乏思考,部分观点错误或盲目跟从他人。
	5以下	没有自己的观点或表述观点完全错误,逻辑混乱。
课后作业（20%）	20-15	认真完成作业,能够独立思考且有自己的想法和观点,具有一定创新性。
	15-10	比较认真地完成作业,有一定的想法和创新性。
	10-5	作业中虽有一定闪光点,但态度欠认真,部分作业未完成。
	5以下	作业随意潦草,大部分没有完成且质量很差。
得分		

这一评价机制保证了教学活动有序、有效地进行,同时也让学生学会分析、判断,学会公正、客观地评价自我及他人。小汤同学说:"因为实行的是互评和自评,评价方式打破了以往的常规方法,评价不再只是老师的专利,小组的每个同学都参与其中。同时因为是依据评价表评分,有比较详尽的参照依据,所以评分比较客观公正,在给予我们较大自主空间的同时也让每个学生关注到自身及他人的不促之处,不仅可以互相借鉴,也可以互相督促。所以我觉得这是一种很好的方式。"

本案例中通过对人文关怀美术校本课程模式的综合运用,激发学生艺术思维,带动学习热情。在学习活动的开展过程中,教师由原先知识的传授者转变为教学活动的设计者、组织者、引导者和促进者。通过学习学生不仅了解了米勒这位19世纪法国著名的农民画家,更在思维激发、观点碰撞、意见分享的过程中掌握了现实主义艺术作品的基本鉴赏方法,提升了艺术素养。

【案例二】《民间吉祥图案的赏析和运用》[①]

(一)设计制作"吉祥抱枕",利用信息资源支持"学"

人文关怀美术校本课程教学模式强调对学生学习环境的设计,认为学习环境可以使学习者利用各种工具和信息资源进行自由探索和自主学习并达成学习目标。在这一过程中学习环境是一个支持和促进学习的场所。为了支持学习者的主动探索和意义建构,在学习过程中要为学生提供各种信息资源(包括各种类型的教学媒体和教学资料)用于支持学生的自主学习和协作式探索。

凸显人文关怀的美术教学应联系学生的现实生活创造性地设计开发教材内容,教学内容可以从学生的实际出发,利用有效的信息资源激活学生已有的生活经验来支持他们的学习,让每个参与教学活动的学生感受到浓厚的人文气息,在真实的课堂情境中提升人文内蕴继而学会表达爱、传递爱。《民间吉祥图案的赏析和运用》就是基于此设计理念下的校本课程单元课例。

吉祥图案作为民间艺术奇葩渗透着民间艺人的幸福观,反映着当时人与人,人与社会,人与自然的和谐相处之道,同时它也是创作者"立象以尽意"的艺术思维观的体现。高中学生有一定的深入探究问题的能力,所以课堂教学不能仅停留在传统教学中教师对教学环境的设计(即教师选择一些典型的吉祥图案作赏析),而更应注重挖掘图案背后的深层次的人文内涵,所以在课上通过有效的师生对话带动学生深入思考:为什么民间艺人在创作吉祥图案时会运用这些极具想象力、充满智慧的艺术表现手法?我有意识地引导学生思考民间艺人的创作背景,理解他们的艺术创作思维,感受民间艺人的聪明智慧。学生结合民间艺人所处农耕时代的封建社会这一特殊背景,理解吉祥图案"立象以尽意"的艺术思维观。只有当学生通过学习体会并感受到图案背后的文化内涵时,才能激发他们对民间艺术的喜爱和对传统文化的热爱。人文关怀的课程设计很重要的一点就是如何基于学生已有的生活体验,从学生的客观实际出发,所以我试着让学生寻绎传统吉祥图案与现代生活的契合点。为此我向学生提供了各种民间剪纸艺术的信息资源(包括与剪纸相关的书籍、文字、影像资料、多媒体课件及大量学习网址),并就如何获取及有效利用信息资源等问题给予必要的指导,我希望借助剪纸这一民俗文化生活最生动传神的载体,让学生能创作出丰富多样又独具创意的吉祥图案。学生们通过相互协作和支持开展了"为现代抱枕穿上传统外衣"的课堂实践活动,即以民间剪纸的方式为现代物品——抱枕设计吉祥图案,试着将现代生活与古老民间艺

---

① 顾超.让美术课堂多点人文关怀[J].新课程,2011(6):15.

术完美结合。学生们能够在课上充分发挥他们的创造力和想象力,通过亲身体验,感受了解吉祥图案的艺术之美。课堂上同学们在了解了剪纸的相关表现技能后结合课上对吉祥文化的理解,对抱枕开展设计(图 2-1)。

图 2-1 学生课堂积极制作吉祥抱枕时的情景

(二) 挑战"最近发展区",体会人文内蕴传递爱

建构主义的发展受到各种哲学思想的影响,也受到了杜威、维果茨基和皮亚杰等重要的教育思想的影响。苏联学者维果茨基提出的"最近发展区(proximal zone)"就是其中重要理论基础之一。学生运用剪纸艺术设计吉祥图案美化现代抱枕的学习活动正是尝试了这一理论。

"最近发展区"是指儿童在有指导、有成人帮助的情况下所能达到的解决问题水平和在独立活动中所能达到的解决问题水平之间的差异[①]。"最近发展"区意味着学生的"发展可能性"和潜力,实践证明,学生的潜力往往出乎我们的预料。学生的"最近发展区"受社会情境的制约,是借助课堂内的人际关系社会地位构成的。因此需要完善三方面的组织:学习环境(以工具为媒介的学习)的组织、师与生和生与生之间的沟通(以他人为媒介的学习)的组织,以及学生自我内部对话(有工具与他人为媒介的思维)的组织,方可实现维果茨基所倡导的"沟通学习"以及"最近发展区"的成果。

我所任教的原高二(5)班是上海市的"金爱心"集体,部分学生是校民艺社社员,他们有着较好的民间艺术的学习基础,掌握一些基本的剪刻纸技法。学生创作的抱枕作品大多基于自己的生活体验,大家通过相互间的协作对话激发了智慧和潜能,快速建构了有关复杂的团花剪纸的基本知识和技法,同时对搜集的有关剪纸和吉祥图案的文字和图片进行整理筛选,边尝试练习边讨论学习,对于剪刻中出现的问题大家集思广益、共同努力,终于顺利完成

---

① 教育大辞典(增订合编本)[K].上海:上海教育出版社,1989:2172.

了现代抱枕的设计任务,学生完成的设计作品充满着艺术的想象力和创造力,不仅题材多样且图案内容丰富生动(图2-2)。相比之"独乐乐"学生们更青睐于"众乐乐",他们更乐意与他人分享完成作品的满足感,从最初抱枕作品的课堂秀延伸至学校、家庭、社区,同学们将完成的吉祥抱枕送给了亲人、师长和朋友,与他们一起感受、分享成功所带来的快乐。大家更自发组织前往学校附近的延吉敬老院探望孤老送去温暖,当老人们拿着学生们亲手制作的一个个寓意"福康寿安"的吉祥抱枕,感受着孩子们敬老、爱老之情时,激动心情溢于言表。学生们在传递吉祥祝福的同时更让抱枕的意义变得与众不同。类似这些课外活动的开展于潜移默化中渗透了民间艺术、传统文化的学习,更重要的是课程活动的意义得到了升华。一个个凝聚了人间真情的吉祥抱枕体现了它的价值所在,因为学生们在传递关爱、分享快乐的过程中使"小爱"上升为"大爱",而"以艺促智,以艺启德"的指导思想在艺术活动中也得以贯彻。

图 2-2 部分学生抱枕作品

"最近发展区"理论让我们懂得学生潜力无限,只要教学方法得当,就能发掘学生艺术学习的潜能和积极性,就会得到出人意料的惊喜!小小的抱枕让学生们在感受艺术创作所带来的成功喜悦的同时更让他们收获到自信,学会了学习分享、感恩和关爱。

某同学在课后的小结中写道:

"抱枕作品终于完成的那一刻我很激动,感谢我的小组成员在我创作遇到困难时给我的帮助,感谢老师和组长对图案整体设计提出的宝贵建议,谢谢大家都喜欢认可我的作品,当我将亲手制作的这个万寿抱枕赠送给敬老院的王奶奶时,老人激动地拉着我的手啧啧称赞,我第一次感受到了分享的快乐。我用自己的劳动成果表达我的一份爱心,我觉得这很有意义,我们应该常怀感恩之心,去帮助关爱别人,我想这就是我的吉祥抱枕的价值所在。"

第三章 人文关怀美术校本课程的教学策略
——以教材中"美术与人生"主题为例

　　教学策略是教师对有效地完成特定教学目标而采用的教学程序、方法、形式和媒体等因素的总体思路、谋略或智慧[①]。人文关怀美术校本课程是在"后现代课程观"的教学观念的指导下,借鉴"建构主义学习模式"来支持教学开展的,教师可根据学校的条件、学生特点和课程内容等实际情况,对整个教学活动进行设计和安排;最后落实到具体的教学过程和教学方法上,而贯穿整个教学活动的核心便是"教学策略",即教师自己的教学思路、谋略或智慧。学校是实施美术教育的主要场所,是帮助学生提高美术素养、塑造完美人格的主阵地,笔者在学校教育的范畴研究课程实施的有效途径,对课程开发过程中体现人文关怀核心价值理念的内容进行梳理和挖掘,总结其行之有效的实施策略,以更好地落实和完善人文关怀美术校本课程开发的研究。

一、人文关怀美术教学的前提策略

　　教学策略可以根据教学理念、教学过程不同阶段及对促进有效教学所产生的作用和影响等各种因素为逻辑起点进行分类。教学策略往往是教师对整个教学活动所进行的"战略性"思考,以及所提出的教学思想或总体设计思路,因此在正式教学开展前对课程情境的创设、教学导入方法的设计往往显得比较重要,是教学的前提策略,它往往是后续有效教学得以顺利实施开展的保证。

[①] 王大根.美术教学论[M].南京:南京师范大学出版社,2013:157.

（一）课程情境创设的策略

所谓课程情境的创设，指的就是在课程开发过程中为了达到既定的课程目标，从课程需要出发，创设与课程内容相适应的具体场景或氛围，引起学生的情感体验，帮助他们迅速而准确地理解教学内容，提高课堂效率。随着建构主义教学理论影响的不断扩大，课程情境的创设越来越受到教师的重视。建构主义强调以学生为中心，学生是学习的主体。建构主义者希望把学习置于真实的、复杂的情境之中，从而使学生学习能适应不同的问题情境，在实际生活中能有更为广泛的迁移。

1. 创设课程开发的外部环境

学校是知识、文化的传播场所，知识的交流、思想的碰撞、观点的沟通对教师和学生来说都是一种文化的熏陶和影响。而校本课程开发的过程实际上就是营造一种独具特色的课程开发的文化氛围的过程。美术作为一门综合性学科，涉及各学科领域，与环境有着密切的联系。人文关怀美术校本课程注重对外部环境的营造，包括自然环境和人文环境，并以一种理想化和审美化的眼光创造一种意境。为此，我们特别注意创设校本课程开发的氛围，这种氛围的营造不局限于我们的课堂教学，还渗透于校园文化建设的方方面面。我校为创设艺术人文氛围，设立了黑板栏、宣传橱窗等，对相关内容及时宣传报道，对优秀学生设计的课程版面进行展示交流。我们试图通过在校园文化建设中突出校本课程凸显"人文关怀"的主旨，所以在整个校园文化建设中我们一改过去由学校领导倡导、教师主导、学生被动接受的局面，使学生不仅成为校园文化建设的主体，也成为主导，成为主力军，学生在参与建设的过程中边建设边受益，通过外部环境促进学生的内心世界变化这也就是我们常说的"隐性教育"。其次，课题组还举办了校本课程的开发交流会，组织大家对课程开发中所遇到的问题进行交流切磋。交流会上教师认真听取学生对于课程开发的想法，让人惊喜的是师生共同参与开发课程让美术教育更为关注学生的发展。为了创设良好的课程开发的外部环境，不断推进课程实验研究，我校做了大量的细致工作，包括：为了充分调动师生的内在动力，学校努力为教师提供便利的开发条件，除不定期安排专家进行课程开发的讲座辅导外，还制定了一系列相关奖励政策用于鼓励积极投入课程开发工作的师生们。在校本课程开发的具体内容上我们鼓励创新、求异、个性化，在校本课程开发的过程中，除关心课程内容外我们也更为关心学生的个人成长与精神追求，激励学生自我超越、自我发展。这种全校性的良好氛围和环境的形成，使校本课程开发得以顺利进行。

2. 营造课堂教学的良好情境

在人文美术校本课程的日常教学中，无论是欣赏一件美术作品，还是通过艺术创作去表现一个场景或主题，将所学的内容与学生的实际生活联系在一起，都能增强学生的情感体验,并进一步提高学生对美的感受能力、表现能力和创造能力。例如在"艺术与人生"主题学习时,笔者带领学生欣赏立体主义绘画大师毕加索的《格尔尼卡》,画中各种奇特造型令学生十分费解,为了帮助学生更好地理解作品,教师指导学生通过对作品创作背景的学习,创设角色表演了情景剧"和平之光"。课堂表演有效地激发学生热烈的情绪,从而使学生带着情感色彩去观察、体验情境,在角色扮演的驱动下,学生的思维积极地开展,学生将自己置身于画家毕加索的设定身份中,尝试体会画家在得知西班牙小镇格尔尼卡遭受战争重创后强烈的愤慨和不满。这一活动正是通过扮演这种行为去发现和解决问题。

采用"情景剧"进行教学,获得了出人意料的效果。从编写剧本到道具制作,从角色设定到彩排表演,学生体现出了从未有过的热情,尽管主题相同,但每个班同学的表演却各有千秋,有的侧重表现毕加索在面对向他示好的法西斯军官时的正颜厉色,有的则突出毕加索在创作《格尔尼卡》时的义愤填膺,这一幕一幕都被学生表演得活灵活现。"是谁破坏了和平安宁?""是什么让与世无争的西班牙小镇变成废墟?"当这几句话从扮演毕加索的学生口中喊出时,教室里的气氛顿时凝固了。教师借机提问:"看了同学们精彩的表演,你从中受到了哪些启发?有什么感想?谁能说一说?"原本普普通通的美术课,由于结合了情景剧的表演,教学意义便因此升华了。之后,在正式赏析作品之前,教师让学生首先谈谈观看情景剧的感受,拉近学生与画面所反映的主题和生活的距离,这样更有利于学生理解毕加索画中所表现的西班牙人民受到法西斯战争暴行后,经历种种苦难而造成的惨烈恐怖气氛,理解画家在画中所体现的他对法西斯的仇恨。立体主义是毕加索观察、表达事物的一种方法,立体主义画派也正是通过变形、解构重组、象征寓意等绘画手法描绘了在法西斯兽行下人民惊恐、痛苦和死亡的悲惨情景,从而达到传统具象画作难以匹敌的强烈视觉效果和情感冲击。

(二)教学导入的策略

教学导入是指老师上课时通过有效的手法引出教学内容,激发学生兴趣,诱发学习动机的教学行为。好的导入是成功的一半,教学导入需要智慧的设计,造成先声夺人的巧妙效果。

1. 出其不意、引发注意

注意力是一种心理特征,任何心理过程的发生和进行都离不开注意力的伴随。对于学业压力颇重的高中生而言,每周的美术课是愉悦的、放松的,他们期待每堂课都是精彩的艺术享受,所以导入得法往往能帮助教师顺利地抓住学生的心,让学生集中注意力,全身心地投入到新的学习中,这也是后续教学活动得以顺利开展的前提。

在《立体主义画派揭秘》一课的教学时,我没有按常规先向学生出示毕加索的立体主义绘画作品,而是播放了一段短小的动画视频。动画视频中先出现一个简单的长方体盒子,随着魔幻的音乐声,组成盒子的不同面慢慢打开伸展并最终呈现在同一个平面上,渐渐地盒子线条由直变曲,逐渐变换成一张正面的少女的脸庞,随着音乐声的加快,视频中出现了各种角度所观察到的少女的脸庞,各种角度的脸庞在重叠、组合并呈现于同一平面中,随着音乐的戛然而止视频最终定格于毕加索的名画《镜中的少女》。看着学生们张张意犹未尽的脸,教师适时提问:"刚才短短几分钟的动画视频可是隐藏了毕加索立体主义画派的全部秘密噢,大家能说说你们都发现了哪些秘密么?""画中少女的脸是由几何体变换来的""不同角度观察到的物体可以在同一平面中出现""再复杂的对象也可以变换为简单的直线或曲线"同学们纷纷七嘴八舌地议论开了。很显然,动画视频的导入在本节课中起到了很好的效果,它将原本难以理解的问题通过学生所喜闻乐见的形式加以展现,学生通过观看就能自然而然地体会到立体主义画派的原则:追求几何形体的美感;追求碎裂、解析、重组的画面形式;否定从一个视点观察和表现事物的传统方法;把三维空间的画面归结成平面的;画面追求表现时间的持续性,等等。毕加索正是以许多的角度来描绘对象并将其置于同一个画面之中,以此来表达对物象最完整的印象。这节课正是由于动画视频的成功导入,使后续教学活动得以顺利深入。

2. 以问致思、开启思维

"学起于思,思源于疑",思维一般都是从问题开始的。由于这类导入方式常常可以联系生活实际,通过一系列的问题激发学生的思考,让学生产生探索问题、解决问题的欲望,课堂上教师可以巧妙设疑,尤其能"于无疑处有疑"提起学生的求知欲,让他们的情绪沿着教师预先设想的方向前进,从而纳入正确有序的教学程序轨道。巧妙的导入能积极发挥出学生在美术教学中的主体作用,使学生的身体和思维都能参与到美术教学的实践中来。

在人文关怀美术校本教材"美术与人生"主题——《徐冰的现代文字艺术》一课上笔者试着运用有效提问的策略帮助学生尽快进入到学习的情境中。在现当代艺术蓬勃发展的背景下,艺术越来越呈现出不同的形式,而传统的艺术标准早已不再适宜于评判现代艺术作品。但现代艺术的这种不确定性和多变因素正有助于培养学生树立正确的艺术观,锻炼学生对不同时期艺术作品的观察能力、思维能力及判断能力。上课伊始笔者便出示了徐冰的现代艺术作品《天书》及《新英文书法》并提问学生:"你认为这是艺术么?"这个言简意赅的问题一经问出教室里立刻炸开了锅,学生们热烈地讨论起来,笔者要求学生根据讨论的结果分两大阵营,在确定自己的观点后按辩论形式分为正方——持赞成观点的和反方——持反对观点的,并在后续的时间基于自己的观点展开辩论。随着屏幕上现代艺术图片的不断增多,课堂上的辩论愈发激烈,大家讨论的焦点也从最初的"这是不是艺术"转变为"艺术美的标准是唯一的么?"眼见学生们唇枪舌剑,越辩越勇,这时笔者再提问学生"艺术美等同于形式美么?"教师在课堂开始的提问,能先声夺人帮助学生迅速"入戏",而后看似不经意的追问实则循序渐进、步步深入,通过问题启发学生思维,帮助学生洞悉问题的本质。有效的提问往往是一节好课的催化剂,问题要尽量简明扼要并具有针对性,同时教师的问题要具有情境性,利于诱发学生的学习动机。最后在问题的设置上要具有层次性,促进学生思维的深化。

二、人文关怀美术教学的实施策略

教师在具体美术教学中采取的特殊、特定的智慧、方法和技巧，即我们所指的实施策略。在这里，美术教学的实施策略主要侧重于解决教学活动行为中所产生的问题，即在课堂教学或学习活动管理时中所运用的策略，它包括教学方式选择的策略和激发学生学习兴趣的策略。教学活动的开展是较为复杂的一个过程，所以美术教学的实施策略能体现出教师的教学艺术与机智。

（一）教学方式选用的策略

教学方式是在教学过程中教师和学生为完成教学目的和任务而采取的教与学的相互活动方式的总称，它既包括教师"教"这一活动的方式和方法，也包括学生"学"这一活动的方式和方法，当然还包括学生在教师指导下"学"的方式和方法，它是"教"的方法和"学"的方法的统一。二期课改的核心之一便是学生学习方式的改变，并提出了自主学习、小组合作学习和研究性学习这三种主要的学习方式。学习方式的转变直接导致教师教学方式的转变。

1. 营造人文主题的欣赏氛围

（1）重视鉴赏语境的多元化，引导学生研究性学习

美术鉴赏教学作为人文关怀美术校本课程的重要组成，是提高学生艺术人文素养和文化修养的重要途径，对于美术教师而言成功的鉴赏教学需要教师合理设计教学目标、组织好教学活动、选择合适的教学方式，营造良好的艺术欣赏氛围，重视鉴赏语境的设计，引导学生有效学习。

笔者曾经听过一位教师关于《从印象画派到后印象画派艺术》的示范课，毋庸置疑这是一位学识渊博且治学严谨的优秀教师，在课上他列举并分析了西方印象派至后印象派风格的演变，并筛选了19世纪后期印象画派发展时期代表画家的作品进行分析，为了帮助学生记忆，教师煞费苦心地梳理出各个重要时期的代表画家：印象画派的莫奈、雷诺阿，后印象画派的塞尚、高更、凡高，教师要求学生牢记代表画家艺术作品的特色，区别印象画派与后印象画派的异同。台上的教师滔滔不绝地进行着他的专业分析，台下的学生则一脸茫然地听着……笔者观察着听课学生的反应边思考着：如果具有人文性质的美术学科仅成为一种工具学科，通过量化的知识概念去左右教师的教学、衡量学生的学习，那又如何体现美术学科的人文特质呢？艺术学习中对学生审美情趣的培养和其中的情感体验对他们的人格精神塑造具有特殊意义。艺术能成为人类情感和精神生活的创造表现，就是因为艺术作品以一种直观感性的形式传达出了人的愿望、情感、智慧以及美的内涵，作品中蕴涵的情感和思想具有一种感人心的激情能量，它能够唤起学生的情感体验，而艺术课的学习就是通过一系列的艺术作品感动学生继而让学生体会并理解这一点。古语有云："感人心者，莫先乎情"，唯有情感上的认同才会激发学生后续学习的渴望，带动学习热情。

研究性学习是一种相对于"接收式学习"的学习方式，是通过问题为载体，以主动探究为特征的学习活动。学生在教师的指导下在学科领域自主地发现问题并加以分析研究，通过自主调查、搜集及信息处理、分析和思考、表达与交流等研究活动的开展达到学习的目的。《凡高的艺术生命》是校本教材"艺术与人生"单元的重要组成，力求通过对凡高这位后印象画派大师艺术生命的探寻，从画家的人生情感经历着手对其不同阶段的作品进行赏析，帮助学生理解作品所蕴藏的人文情怀。历来美术教师对凡高作品的讲解侧重于对作品艺术特色的分析，无论是对其色彩构图的讲解抑或是对其特殊笔触的介绍无不倾向于对美术本体知识技能的掌握。但对于一般的高中生而言，专业枯燥的知识技能并不能激发他们的学习兴趣，对作品的理解更是一知半解。艺术欣赏的角度从来就不是唯一的，当我引导学生进入作品的人文语境中开展研究性学习时，获得了意想不到的收获。例如在学习欣赏凡高最闻名遐迩的作品《向日葵》时，我建议学生找到欧文·斯通所撰写的《凡高传》及凡高的绘画日记加以研究，并通过一系列问题引导大家寻找答案："是什么造就了凡高的独特艺术表现形式？凡高为什么对黄色情有独钟？凡高的绘画笔触为什么是旋转短促扭曲的？"学生们通过学习逐渐明白凡高绘画作品的鲜明个性正是由于其孤僻的个性与特殊的人生经历产生的强烈影响，画家借助绘画找到了一个表达与诉说的出口，画布上的"向日葵"就是画家自身的写照和象征，色彩和笔触的运用是他对本真生命的理解和阐释。课堂上同学们通过诗歌朗诵、情景剧表演、问答竞赛等丰富多样的形式感受凡高情感上的失意、工作中的受挫、朋友对其的误解，了解画家的生活经历对其绘画风格形成的影响，分享各自小组的研究成果（图3-1）。

图3-1 学生课堂的精彩介绍

精彩的情景剧小品演出真实还原了这位绘画大师的艺术人生，诗人海子的诗歌《阿尔的太阳》则帮助大家走进了画家的内心。台下的学生则沉浸在诗中对凡高生命状态的倾情关注和对其绘画作品的深刻理解中。在后续的交流讨论环节中，学生认识到凡高是一位将生命融入艺术创作中的天才画家,他的绘画过程就是情感真实流露的过程,所以他才会在作品中体现出强烈的个性化的表现形式和象征意义。通过讨论总结,学生概括把握了《向日葵》的两个欣赏要点:生命色彩的律动、旋转动感的笔触表现。在这样的学习过程中学生们真正理解了大师的艺术情怀,从表象的作品艺术形式走进作品背后大师丰富内心世界,感受其独特的艺术魅力。

小徐同学在课后的随笔中写道:

"一直以来对凡高的认识只是停留在他有限的几幅作品中,肤浅地认为那是一位精神疾病患者的疯狂之作,而通过学习让我对这位荷兰画家有了全新的认识。凡高画了一系列的向日葵作品,他对向日葵的钟爱源自他对太阳的神往。艺术家热爱生命、讴歌永恒,而太阳无疑是象征生命和永恒的最佳意象,画布上的向日葵就是画家自身的写照和象征,凡高用烈焰飞腾般的色彩和线条谱写出一曲生命变奏。凡高的生命是金色的、阳光的、充满希望的,凡高的生命也是不安的、躁动的、充满无限可能的。凡高的向日葵正是他内心独白的真实写照,虽然画还是那幅画,但伴随我理解的深入,不由得感慨颇多,我想后印象画派画家敢于突破、表现自我的艺术精神造就了作品的最动人之处。"

《凡高的艺术生命》的学习案例中教师重视课堂多元化鉴赏语境的营造,力图从艺术的人文性角度需求作品欣赏的突破口并组织学生开展基于此的研究性学习。学生们在研究性学习过程中始终处于主体地位,既学到了知识,又锻炼了思维能力,学习成果的分享和交流更塑造了学习的自信。笔者认为经典绘画作品的欣赏若只停留于教师对美术本体知识的介绍将无法帮助学生洞悉作品丰富的人文内涵,所以教师要善于创设鉴赏氛围,多引导学生开展研究性学习,帮助学生对艺术作品进行多角度、多语境的深入学习,这对高中生准确把握作品内涵继而学会鉴赏作品,提高自身人文素养都将起到至关重要的作用。

(2) 重视课堂的生生"对话",组织开展合作学习

研究性学习最主要的学习方式为小组合作,在合作学习的过程中,学生不仅可以建立起最为密切的合作关系,在知识和技能技巧方面还可以相互补充。合作学习可以改善课堂内的学习气氛,大幅提高学生的学习效率,相对于"孤立学习"的方式,小组合作学习指的是由不同的学习者组成一个学习团体,为了一个共同的学习目标,共同承担学习任务,既相互合作又积极发挥每个成员积极性、独立性和自主性的学习模式①。开展合作学习同时必须具备以下条件:①积极的相互依靠,包括目标依靠、资源依靠、角色依靠、奖励依靠等,小组成员是互不可缺的,需要学会分享及获得对方的帮助;②相互促进作用,为了达到小组目标,成员间要互相鼓励、互相帮助、共同发展、互相信任;③人际交往的技能,合作学习是一种社会交往活动,要求学生具备良好的交往能力;④较强的个人责任性,每个成员都要强烈地意识到自己所承担的任务,分担小组任务。

传统的艺术欣赏教学以教师讲解为主,教师对艺术作品的审美判断成为学生欣赏作品

---

① 钟启泉.研究性学习国际视野[M].上海:上海教育出版社,2003:190.

的唯一标准。人文美术课堂注重学生的学习需求和情感体验,一切以学生的发展为本,课堂呼唤学生的个性回归,教师不再是"主宰",课堂完全可以通过小组合作的方式完成教学活动,课堂中的"生生对话"不仅能帮助学生形成自己对艺术作品的独立判断,通过在学习过程中小组成员之间的合作,以及成员间的各自分工,更能培养学生之间的协作精神和团队意识,提高学生的探索能力、发现能力和研究能力,而教师的智慧则是在整个教学活动中如何顺利引导学生对艺术作品做出正确的价值判断。课堂没有"非此即彼"的唯一答案,艺术学习应该真正成为学生思维激发的过程。

案例:《徐冰的现代文字艺术》[①]

徐冰是1981年毕业于中央美术学院版画系的高才生,1990年作为荣誉艺术家移居美国,2008年又回国出任中央美术学院副院长一职。在其极富戏剧性的艺术生涯中曾因他独创的文字艺术而大起大落,从20世纪80年代后期的《天书》到1999年的《新英文书法》,再到2000年之后的《地书》,他的作品经历了由"谁都看不懂"逐渐过渡到"连文盲都能看懂"的有趣过程,其中不乏有趣的艺术元素。同时,从徐冰的艺术历程来看,又充分反映出艺术家对于文化的独立性、交融性以及同一性的独到见解。一直以来现代艺术家徐冰的艺术作品饱受争议,在欣赏课中安排这样的内容对我而言颇具挑战,后现代的美术课堂更为关注师生、生生对话的顺利开展及课程内容的生成性,而徐冰的现代文字艺术是帮助学生正确理解现代艺术的好课题。我提前2周布置了学习任务,要求学生以合作小组的形式开展学习,可以自由选择徐冰的1—2件代表作品,通过图书查阅、网络资源查找、艺术家走访、组内讨论、资料汇总、PPT制作等形式进行学习研究,并注意保存研究过程中的相关资料。课堂上小组成员通过PPT讲解的方式依次向全班同学做了介绍。徐冰的艺术经历及他的代表作品《天书》《新英语书法》和《地书》等引发了学生的极大兴趣:《天书》是徐冰用活字印刷的方式创作了4000多个"假汉字",《新英语书法》则是徐冰寻求中西方文化交流的产物,汉字外形架构下的英文字母的组成形式。《地书》是徐冰搜集各类标识组成的"文盲文"的文字系统以实践他"普天同文"的理想。

不出所料,这个饱受争议的现代艺术家引起了学生极大的兴趣,在随后的课堂讨论中,学生们展开了热烈的讨论,其中《天书》引发了最大的争议。学生小严认为徐冰用后现代的方式戏谑了中国的汉字,这一具有开拓性的创作发人深省,徐冰以自己的方式向人们的惯有思维发出挑战,这在现代艺术领域是个创举,值得肯定。学生小赵却认为《天书》是哗众取宠的荒诞,中国文字的魅力就在于字形下的字意,而失去内在涵意的文字其本身就不能再称之为文字,一件毫无意义的作品其艺术价值就更无从谈起了。我问周围同学是否同意他们的观点。学生小张适时地加入了争论,他同样言之凿凿:"《天书》的出现是中国文字史上的突破,每一个新事物的出现,人们都需要一个逐渐了解、熟悉和适应的过程,不然我们的中国文字史不仍停留在几千年前的甲骨文时期了么?所以我对《天书》持观望态度……"关于《天

---

① 顾超.后现代主义背景下的高中美术教育[J].上海师范大学学报(基础教育版),2010(2):20.

书》的讨论十分激烈。

而对于徐冰的另一部作品《新英语书法》,学生们则更是仁者见仁、智者见智了。学生小周认为把现代化的因素融入中国书法艺术的人有很多,但都局限于艺术形式表面,并未将书法艺术最本质和精髓的东西挖掘出来。小王同学更是提及作品本身的局限性,说《新英语书法》是对国粹书法的弘扬言过其实,因为它空有传统书法的外壳,对不懂英语的国人而言无疑是另一部《天书》。小李并不认同两人的观点,她认为徐冰的《新英语书法》是前所未有的,是对传统书法艺术的创新和突破,它为不同文化的沟通和交流提供了可能的同时也弘扬了国粹书法艺术。

有关《地书》则更褒贬不一,有学生认为作品回归了人类的读图本能,批判部分现代艺术以其"假,大,空"迷惑,糊弄观众。有学生表示《地书》是一架天梯,能够使人们轻松翻越语言沟通这一堵大墙。当然也有学生认为徐冰用标识的表达方式速度太慢,也会存在歪曲的理解。有同学觉得徐冰的《地书》不应推广,因为如果每个人都如徐冰那样创造一套自己的文字系统,那么整个世界岂不乱套?有同学认为徐冰现代艺术中反叛、怀疑、警觉精神值得提倡,现代艺术呼唤独到的见解和个性……课堂上学生的讨论异常激烈,似乎谁也说服不了谁,于是他们将目光转向了我,希望老师能给个"说法"……

我笑着说:"看来今天的学习讨论注定是没有结果的,现代艺术由于其领域的特殊性,存在着许多饱受争议的艺术家和作品,通过小组的合作学习,老师相信大家都了解到艺术学科的特殊性了,的确它不同于其他自然学科,没有非一即二的唯一标准答案。那么你们认为通过徐冰艺术的学习能带给我们什么启示呢?"

学生小蒋若有所思地点了点头,他说:"其实老师刚才所说的我们小组在之前的学习中就已经意识到了,我们小组认为不同历史时期、不同社会阶层的人对于艺术的感悟和理解也不尽相同,社会在不断前进,艺术美的标准也不断发生着变化,有些艺术现象的理解更有待时间和岁月的考验。""嗯嗯,那是不是说我们应该以多元化的视角、更宽容的心态去正确对待现代艺术呢。"学生小陈忙不迭地补充道。

"看来大家都已经掌握现代艺术鉴赏的要点了。"我微笑着对他们的观点给予鼓励。我针对学生在现代艺术学习领域的困惑创设了课堂学习情境,组织学生开展小组合作学习,而具有争议性的学习内容必然导致课堂生生激烈对话的产生。在过去日常教学中若遇到类似干扰和挑战,教师往往设法回避问题和干扰的发生,或让学生被动地接受对既定知识单一、确定的解释而不能以足够宽松的气氛对待问题和干扰的出现。教师不能把学生的观点真正作为一种有价值的问题与他们认真地探讨,缺乏对艺术知识的深入感知,更谈不上从感悟、体验出发去理解和表达艺术作品内容,从而使课堂缺乏生机。我希望在我的美术课上能传递给学生一种新的理念,学会用不同角度,辩证思维看待各类艺术现象,对艺术问题有自己独到的见解,并在合作学习的基础上勇于交流发表自己的观点。

本案例中由于之前对艺术家徐冰的学习了解让学生们形成了各自的不同观点,课堂上我鼓励学生们各抒己见,学会聆听,允许课堂"混乱生生对话"的出现,由此教学内容不再是教师预先设计好的,教师不再成为课程的掌控者。美术教学成为师生间、生生间通过协作、对话,共同开发课程的过程。这是一个有始无终的不断发展过程。随着教学内容的不断开展,学生鉴赏知识的不断成熟丰富,最初的课堂内容也会得到完善和升华。之后,学生在课后随笔中这样写道:

"感谢老师在美术课上让我们认识了这样一位戴着哈利·波特眼镜的现代艺术家徐冰。在平时的生活中,我们对现代艺术接触较少,总认为现代艺术难以理解,无从欣赏。但这节课却让我走近了原以为遥不可及的现代艺术。诚然,现代艺术没有唯一的标准,我们也很难用孰好孰坏去判断衡量徐冰的艺术。课上的讨论让我明白了对现代艺术的审美要学会尊重各种不同的观点和立场,当你的出发点不同,便会从不同角度看待问题,思考问题,当然就会随之产生不同的主观体验。多元化的世界必将存在纷繁复杂的各类现代艺术,这就需要我们不断加强自身的艺术人文素养,以宽容的心态、辩证的态度看待层出不穷的艺术现象,我想这也是老师的用意所在吧……"

课堂生生之间的平等对话使课程的实施过程成为学生学习经验的形成和生长过程,学生合作学习的过程也使课程内容具有多元性和开放性的特性,教师更是学生学习的引导者与激发者,并最终帮助学生以更开放、宽容的心态对待日益纷繁复杂的现代艺术。

(3)重视学习的沟通与分享,鼓励提倡自主学习

自主学习是指个体自觉确定学习目标、制订学习计划、选择学习方法、监控学习过程、评价学习结果的学习方式。凸显人文关怀的高中美术课堂要求学生成为复杂的认知加工的主体、知识意义的主动建构者,这和只强调教师"教"而忽视学生"学"的传统学习有着本质的区别,课堂将通过各种学习活动诱发学生学习的内因,激发学生去主动建构知识的意义,因而有利于发挥学生的主动性、积极性和创造力,有利于学生的主动探索、主动发现。

作为自主学习的一种方法,我校美术"自主课堂教学"不仅涵盖了学生积极主动获得知识、建构知识的过程,更是通过"自主教学"这一环节巩固知识、加深其元认知程度。"自主课堂教学"中的"教学"更体现了这样一层含义:让学生参与教学准备、教学组织甚至课堂教学等行为,"把课堂真正还给学生"。所谓自主课堂教学就是在教师的指导下,学生以小组合作的方式,自主选择教学内容,制订教学方案,设计教学活动方式,组织课堂教学以及作出教学评价等。既然被称作"自主课堂",则各方面都要体现"自主"的原则,包括对教学内容的选择,也应由学生自主完成,让学生自行商讨、选择学习内容,体现了对学生个性及兴趣的尊重。教师在具体实施时遵循"先学后教"的基本顺序,即让学生先通过自学、讨论,甚至"自主上课"的方式解决自己能掌握的内容,教师在此基础上进行必要的补充和指导。

《在爱的名义下》是力求凸显人文关怀的美术校本课程教材,校本课程实施的最大亮点是我改变了传统的教师"一言堂"的教学方式,尝试以学生的"学"为中心开展教学设计,提高教学效果,我在美术课开展"我的课堂我做主"学生自主课堂教学,自主课堂的开展旨在发挥每一位学生的个性、潜能和积极性,使我们的美术教学更加生动有效。课前我下发了授课任务书,让学生在校本课程的3大主题——"艺术与自然、社会与国家""艺术与人生""艺术与心灵"中任选感兴趣的内容进行准备,而"自主课堂"将以学生小组为单位轮流上台开展"自主教学"。第一次尝试当小老师,学生的教学热情高涨、教学手段十分新颖,不但制作了 PowerPoint、Flash 等多媒体课件辅助教学,而且设计出了各类精彩纷呈的教学活动:达·芬奇的世界名作《蒙娜丽莎》被重新注解,学生提出大胆假设"如果蒙娜丽莎是……你会从她的微笑中读出什么情感?"于是学生根据自身的不同情绪体验,对于神秘的微笑也有了不同的理解,学生和名作的距离一下被拉近了。而平时课上较难分析的杜桑对《蒙娜丽莎》的戏谑之作也因为学生理解了"艺术创作是基于艺术家不同的主观情感体验"这一创作原则而变得迎刃而解了。对于毕加索艺术人生单元的学习,同学们更是结合 2011 中国毕加索大展,进行了大师个人大事表的资料搜集和整理,最终得出"毕加索人生的不同情感经历影响了画家绘画风格的转变"的结论。学生自主课堂气氛轻松愉快,教学内容从经典名著到漫画绘本、从世界服装的介绍到街头涂鸦艺术,等等;教学形式更丰富多样,小品、话剧、竞赛、绘画心理测试、朗诵等精彩纷呈。随着教学活动的深入开展,学生们也从最初仅仅关注授课内容是否花哨逐渐转变成能否渗透美术学科知识和人文内涵来开展教学;从一开始的个人 SHOW 到团队小组成员的共同参与,我欣喜地看到学生们在自主学习的过程中不断成长进步!

当我提出将邀请优秀小组配合老师共同参与到校本课程的研发中时,同学们表现出极大的热情,从单元化教案的撰写到运用 Publisher 软件精心设计出的教材页面,甚至是基于授课主题的小课题研究都极具质量,让我不由暗暗赞叹学生的无穷潜力和创造力。一位同学说:"尽管自主教学的学习过程格外辛苦,备课、写教案、准备 PPT、设计教材页面,等等,但感觉累并快乐着,因为自主课堂让我在学到美术知识的同时更学会了团队合作与沟通,学会了理解和表达,感受到教师的不易,更重要的是自己辛勤付出后得到大家认可,无比喜悦。"

相比成绩优秀的尖子班,后进班在开展自主教学的活动中参与热情更高,他们不仅教学方法独特新颖,运用 Publisher 软件设计的教材页面也更美观大方,更重要的是美术课让他们感觉到有了"用武之地",同学们告诉我他们最喜欢的就是美术课,原本习惯了老师的批评和指责,是美术课让他们找回了自信。我的鼓励和表扬让他们发现了自己的闪光点,他们的课越上越好,班风也为之一变,文化成绩也逐步提高,最后被评为"年度校优秀班级"。同学们在课后总结中纷纷表示喜欢"我的课堂我做主"这样的课堂形式,感觉自主课堂的开展很有意义,小组合作学习的过程实现了"听别人讲"到"自己理解"的转变,期待下学期的美术课!(图 3-2)我想美术自主课堂之所以受到学生的普遍欢迎是因为课堂的各个环节都真正从学生的需要出发,还课堂于学生,重视学生在艺术学习过程中的沟通与分享,因为只有让学生成为美术学习的主体,我们的美术课堂才能焕发出无限活力。

图 3-2 学生《艺术档案袋》中的课后总结

2. 引导人文关怀的创作实践

（1）联系生活实际的创作体验

艺术创作可以结合研究性学习的开展，围绕某一学习主题引导艺术创作。首先，研究性学习的特点在于它的灵活性和不可预料性。在研究过程中学生会遇到各种困难和问题，教师应及时与学生交流沟通，采取提高其自我效能感的归因，创设良好的探究问题的气氛，促进活动的顺利发展。其次，凸显人文关怀的美术教学应联系学生的现实生活，创造性地设计开发教材内容，教学贴近学生的"最近发展区"从学生的实际出发，利用有效的资源激活他们已有的生活经验，让每一个学生都能在原有的基础上得到更好的发展。

《修拉的点彩艺术》是从《印象派到后印象派》单元课时下的子课时，课堂上对于修拉的作品《大碗岛星期天的下午》，学生们对这种艺术表现形式颇为好奇，他们将"新印象主义"作为研究小课题开展学习后得知新印象派作为当时的一种新的绘画风格其点状笔触是其最具标志性的特征。作品《大碗岛星期天的下午》描绘的是星期日下午，巴黎附近阿尼埃的大碗岛上游人们在阳光下聚集河滨的树林间休闲度假的情景。画面全部以点彩的笔触完成，色点彼此交错呼应，给人以一种装饰地毯的效果。整个画面都是通过原色、纯色的小点排列和交错在一起，让观众的眼睛去调和色彩，画面五彩缤纷的色彩效果表现出光的闪耀和一种和谐宁静的气氛。在了解到修拉的这一作画方法后有学生表达了自己的质疑：修拉的油画作品只是按照既定的分色概念，死板、机械地从点到画面上作画的，如此这般艺术创作便成为缺乏情感的死公式，这样的色彩堆积是毫无意义的。

我知道学生因为缺乏修拉的作画体验，也不尽了解画家的作画背景，故而对点彩派的认识有所误区也在情理之中，结合高二开展的为期一周的学农社会实践活动，我设计了"向修拉学点彩——我眼中的新农村"主题活动，我带领学生漫步在农村的乡野小道上感受着田园自然风光，当学生们陶醉其中时，我提出跟大家一起做一个色彩游戏，先让学生分组眺望远处,长时间地观察蓝天及一旁农田里金黄色的麦穗和碧绿的蔬菜,随后我要求学生将视线转移至我事先准备好的实验白卡纸,并提问学生前后观察到的颜色有什么不同,三组学生的答案也不尽相同,蓝天组学生在白卡纸上发现了橙色,麦穗组和蔬菜组学生则分别发现了紫色和红色,看着大家惊讶的表情,我引导学生自己通过资料的查询去寻求答案,并卖了个关子:"这里可隐藏了一个关于色彩关系的秘密,修拉正是运用这一方式作画的。"几天后学生们兴冲冲地找到了我:"老师我们查到答案了,原来您说的色彩秘密就是色彩的补色原理啊,在色相环中最基本的互补色有三对:红绿、黄紫、蓝橙。当我们的人眼长时间停留观看一种颜色时候,会自然产生互补的需求来维持生理的平衡。所以那天我们长时间眺望蓝天后,再看老师的白纸就会感受到橙色,当我们注视的时间越长,这种感觉就会越强烈,这是出于视觉平衡的需要。"我微笑着点头表示赞许,"可是,老师您说修拉就是利用这种原理作画的么?可是他不是只会把自己关在室内,长达几年,通过连续不断地点色才能完成作品的么?"我耐心地向学生解释:"修拉作画其实并不想你们想象中那样足不出户凭自己主观作画的,他和其他印象画派的画家一样喜欢户外写生,直面自然,每次在落笔之前,他总是先细心揣摩,比较眼前的景色,观察明暗的变化,留心色彩的对比,区别反光的不同。修拉只是用了一种更偏向于科学的方法来描绘这变幻的世界。修拉对色彩的研究主要体现在两个方面。一是补色关系。修拉在创作中经常运用补色对比使画面的色彩产生颤动的光效。二是色彩的冷暖色调。"听了我的介绍,学生们脸上流露出跃跃欲试的表情,面对着的乡村田野美景,自然色彩变幻丰富皆可入画,更为重要的是修拉的全新绘画方式使他们产生了强烈的尝试欲望,以理性的点彩方法来表现物象,以视觉混合代替直接混合的色彩,学生们创作了一系列新农村的风景小品,借助修拉的这套绘画体系来表达自己的情感,并取得了不错的效果。如图3-3:

图3-3 学生创作的风景画作品

学生小王在她的创作心得中这样记录下了自己的感受:

"以前对于印象画派画家的了解就只停留在对莫奈的粗浅认识。第一次从美术老师口中知道了新印象画派画家修拉时就对这位作画与众不同的画家产生了兴趣,印象派画家不是都极力推崇户外写生作画的么?他的作品怎么感觉像是运用电脑技术完成的呀?那幅《大碗岛星期天的下午》的油画作品给我的感觉就是修拉按照事先分配好的色,彩概念化地、均匀地、机械地点到画面上,所以之前我认为修拉的绘画创作特别酷似现在的电脑合成作品,是一种绘画公式的运用。直到学农时老师带领我们完成那次视觉测试小游戏并告诉我们游戏的原理时我才恍然大悟:原来当人的眼睛长时间停留观看一种颜色时候,会产生互补的需求来维持生理的平衡,这种现象是视觉平衡的需要,存在每个人的感觉中,而修拉的绘画创作正是运用了这一原理。随即我翻阅了相关资料果然验证了老师所言,修拉独创的分色、点彩技法使画面有序而和谐。他在画面中所采用的利用视觉混合代替颜料混合的方法,使画面的色彩产生颤动的光效。修拉凭借这套绘画体系来表达自己的观念、情绪,他的作品同样表达了对自然和生命的热爱。我惊讶于这位艺术家的艺术成果,他在印象派之后的绘画创新是如此让人愕然、惊绝、喝彩!我决定也在我的绘画创作中尝试这一作画方法,为了更好地表现我眼前所观察到的金黄的小麦地,我运用补色对比的方法在前景阴影处加入了紫色,为了更加逼真地模拟修拉画面中的光色效果,我的整幅作品也都以原色纯色的小点排列并交错在一起,有意识让观者的眼睛去起调色作用,把视觉调和的作画理论在实践中得以验证。虽然这样作画十分辛苦,耗时颇长,但最后画面星星点点的镶嵌画色彩效果很好地表现出了一种光的闪耀和丰收农田的祥和气氛,初次尝试的作品得到老师和同学的赞赏,感觉很棒!"

(2)融入生命教育的创作表现

生命教育一直以来是一个比较深奥和沉重的话题,人文美术校本课程重在引导人文关怀的艺术创作实践,在艺术创作中融入生命教育,生命本质强调尊重生命特性,突出生命本性,以此激发起学生对生活的理解和热爱,在艺术创作的过程中感受生命的美好。

通过校本教材中对后印象派大师凡高的学习,学生喜欢上了这位内心火热、感情丰富、用笔大胆、狂放不羁的画家。凡高作画时服从于自己心灵的召唤,画面会随着心灵而流动,他的创作往往不拘泥于传统的绘画技法,而是依据自己的主观感受用饱满的笔触、粗犷的线条来构图和表现。尽管凡高受到印象主义画家的影响,但在他的画面中,仍用他自己崭新的手法抽象地表现着强烈的情感;《向日葵》中朵朵葵花夸张的形体和饱满艳丽的色彩,仿佛是一个个燃烧着的生命。《星夜》中那富有运动感、旋转不停的笔触无不预示着一种原始生命蓬勃燃烧的冲动和张力,画家赋予色彩单纯强烈的对比,在这种粗厚和单纯中却充满了智慧和灵气,给人造成一种狂放的节奏与韵律。凡高绘画创作中那些经常被使用的波形、螺旋形的笔触表现出粗犷、豪放、充满动势的强烈节奏感,画面给人的感觉是不停地运动着的,同时充满了生命的张力。学生们在赏析这些画作时无不为那激动人心的画面效果而震颤,创作激情也喷薄而出。我鼓励学生:"凡高笔下的向日葵之所以具有生命力,是因为凡高作画时更强调对事物的自我感受,不拘泥于他所看到的视觉形象,大胆追求线条和色彩自身的表现力,来表现主观的自我感受,而我们每个人在地球上都是独一无二的个体,我们既要尊重生命个体的独立性和差异性,同时更应该把握美好青春,发现生命的美好。我们可以大胆借助手中的画笔,探寻生活中的美好和生命的意义。"随即我以《青春》为题,让学生尝试绘画创作,因为学习的焦点是借鉴凡高的"色彩"和"笔触",故在造型上不做过多苛求,学生可结合自己的学习、社会生活进行创作,使艺术更贴近生活,易于接受。学生在作品中运用艺术手段引发了一系列的思考,深刻体会诸如"家庭""友谊""亲人""集体""感恩""分享"的意义,艺术创作的过程更调动了学生对生命的感悟力、创造力,学生小严特别喜欢凡高的《夜间的咖啡馆》这幅作品(见图3-4),她说:"蓝色星空下夜晚街道上的露天咖啡厅在冷落中显出一片温馨,蓝紫色背景下的暖黄灯光让人在夜晚的宁静中感受到一种安详的追求与渴望。画家笔下的咖啡馆使我想到了曾去过的大学路上的咖啡吧,安静有序,周末上完课喜欢和好友稍憩片刻,紧张繁忙的学业重压下,小小咖啡座是我心灵的避风港。"小严模仿凡高粗犷的短笔触,借助于色彩和线条在抒发内心情感的同时,也增强了画面的情绪感染力。小严用蓝、紫、黄色描画出一个充满诗意的场景,画中的咖啡座是小严情感的寄托,是她对生活的观察和思考,同时也是小严对宁静、安详生活的追求与渴望,如图3-5。

图 3-4　凡高原作　　　　　　　　图 3-5　小严作品《咖啡馆》

让艺术浸润生命,让生命更加灿烂,学生通过艺术创作能体验生命的意义与价值,感受生活的多姿与美好,这是让艺术教育成为实现生命本质回归的最有效途径之一。引导人文关怀的创作实践,探寻生命意义的艺术教育价值取向这也是人文美术校本课程开发的意义所在。

(二) 激发兴趣的策略

兴趣往往是学生学习最好的老师。兴趣是学生获取知识、拓宽视野、充实内心的重要动力,同时也是人们从事某种活动的心理趋向。只有当学生对美术学习感兴趣时才会全神贯注、积极主动且心情愉快地投入到艺术的学习中。

1. 以趣导学

真正有价值的东西是从对客观事物的爱与真诚中产生的,追求真理、学习知识都需要情感。课堂上教师要善于利用资源、运用智慧,设计一些有趣的、有创意的问题或情境,安排一些活动调动学生的学习热情、激发学生学习的兴趣。比如在毕加索的《立体主义画派揭秘》一课上教师可以事先组织学生在课前对其立体主义代表作品《格尔尼卡》的创作背景进行学习并在课上运用各种教学方式进行学习交流,如,班中擅长表演的学生在学习之后自编自导了一出情景剧,并在课堂上进行了表演。教室里拉上了窗帘,营造昏暗的环境,空气中弥漫着二战期间的恐怖气氛,教室上空回荡着同样揭露二战期间德国纳粹残暴罪行的电影《辛德勒的名单》中的主题曲,帕尔曼哀怨悲凉的小提琴声如泣如诉,教室的地面上则随意散乱着大团的废报纸和画了残肢断臂的图画,近靠黑板处摆放了一排课桌,课桌上放着代表战争暴力武器的短柄剑和刀具的模型,当学生们沉浸在这令人压抑恐怖的气氛中时,一个男生身着二战法西斯军服一手执剑,咆哮着喊出:"用战争征服一切、控制一切!希特勒万岁!"顺着他的剑指方向是学生扮演的蜷缩成一团怀抱婴儿的妇女,恐惧哀怨的眼神、因愤怒紧抿的嘴唇,学生生动的表演真实再现了受战争迫害的无辜平民。此时画外音用低沉的声音说:"1937年德国空军疯狂轰炸西班牙小城格尔尼卡长达数小时,连续的轰炸使小镇瞬间夷为平地,死伤无数,刚才的情景剧表现的就是当时的战争场景,毕加索为了控诉战争暴行创作了一幅世界名画,大家知道是哪幅作品么?"本案例中情景剧创设的课堂情境激发起学生强烈的学习兴趣,兴趣的产生也促使学生迫不及待地投入到后续的课堂学习中。

在艺术鉴赏教学中我们对作品的欣赏往往围绕四个步骤展开:描述——作品画的是什么?分析——画家为什么要这样创作?解释——作品意味着什么?评价——作品有什么价值?其中对于作品的分析显得尤为重要,大部分的经典作品由于其创作年代、文化背景对学生而言都太过陌生遥远,一般学生又往往缺乏一定的美术专业知识背景和艺术学习经历,所以要快速地进入作品的欣赏情境并非易事,如何激发学习兴趣就需要教师运用一定的教学策略。在学习《呐喊的青春——蒙克的表现主义艺术》时,笔者刚走进教室,一眼就看到了学生们正埋头于课桌上堆积如山的课本习题中,奋笔疾书,显然刚才授课老师布置的随堂作业大部分学生都没有完成,此时正全神贯注于习题之中全然不觉美术课已开始了,我环顾四周,清了清嗓突然问大家:"你们都有过大声尖叫的经历么?"同学们显然没有料到我会以这样的方式进行开场白,显得有些茫然,一脸困惑地望向我。我继续问大家:"难道在大家的记忆中从来都没有过大声喊叫的经历么?仔细回想下,一般你们会在什么情况下大声呼喊?呼喊的人一般又会带着哪些情绪?"在我的提示下同学们三言两语地议论开了,"老师,我现在就想大喊,数学老师布置的作业太多了,我都来不及做,快抓狂了!""哈哈"大家听了都笑了。"老师,一般人在遇到紧急危险的时候应该会大声喊叫吧,比如街上遇到小偷之类的。""和亲人外出游玩走散时,我会着急得大喊大叫。""老师,我想起来了,有一次我跟父母一起爬黄山,当好不容易爬到山顶,感受一览众山小时,我就情不自禁地对着山脚大喊起来。"听着同学们踊跃地发言,我望向大家:"刚才大家回答得都很好,显然把刚才大家说的情况加以总结,我们是不是能得出这样的结论:尖叫一般是在情绪愤怒、紧张、焦急、激动下的情感发泄。"同学们听了纷纷点头表示赞同。"那么在今天课上老师将带领大家欣赏到的就是一幅以表现尖叫而闻名于世的作品。"这时老师在PPT上出示了蒙克的代表作《呐喊》并提示同学们可以结合刚才的讨论根据画面中人物所呈现的主要特征来猜测下人物的情绪。因为蒙克在《呐喊》这幅作品中所表现的人物在恐怖尖叫的状态正是表现派画家透过艺术来传达彷徨、焦虑等强烈情绪的。经过刚才师生关于"尖叫"的对话热身,很容易调动起学生对于这幅作品的学习兴趣,并刺激学生对作品的思考。在老师关于"试着用一句话描述蒙克的作品《呐喊》给你的感受,你认为画家所要表达的是怎样的一种情绪呢?画家又是如何运用绘画语言来表现这一情绪的?画家为什么要这样创作?有什么意图呢?"等一系列问题的引导下,学生们自然进入了对于《呐喊》作品的深入学习……

2. 游戏促知

杜威认为,喜爱游戏是儿童的天性,人在游戏时能充分调动听觉、视觉、味觉、嗅觉和触觉,大脑处于兴奋的状态,这样的学习更利于知识的掌握和记忆。我们的艺术教育本就是帮助学生释放天性、寻找快乐的,教师在教学中要有智慧、有创意,通过丰富、多元化的艺术形式让学生在愉悦的氛围中进行艺术知识的学习。

在人文美术校本课程的实施中笔者尽量鼓励学生的全员参与,设定一个作品主题让学生在自主课堂上以小组合作的形式通过各种多元化的呈现方式来诠释他们对作品的理解,如:角色扮演、辩论比赛、情景剧演出、即兴问答、模拟创作、诗歌朗诵等,学生们自编、自导、自演,在轻松愉快的氛围中完成学习。例如在《凡高的艺术生命》单元的学习中,老师在课前确定了课堂赏析主题是凡高最为著名的油画作品《向日葵》系列,鼓励大家可以尝试运用游戏学习的方法来了解凡高的绘画艺术,小组可自由选择角色扮演、辩论比赛、情景剧演出、模拟创作、诗歌朗诵等丰富的游戏种类开展学习。学生们分组讨论了各自的游戏选项、确定了成员的分工并开始了精心的准备,2周后的美术课上大家纷纷拿出了各自小组的得意的节目:A小组上演了小组创编的《凡高和高更的友谊》情景故事,赢得学生满堂喝彩的同时更让我们借以走进凡高的内心,原来这个一直孤独着的艺术家曾经多么珍视和高更的友谊并这样满心期待地将《向日葵》悬挂在他为高更精心布置的小屋内。课堂的小高潮则是在 Don Mclean 为凡高所写的那首脍炙人口的《starry night》背景音乐中同学小李声情并茂地朗诵了海子的诗歌《阿尔的太阳》:

"举起黄色的痉挛的手,向日葵/邀请一切火中取栗的人/不要再画基督的橄榄园/要画就画橄榄收获/画强暴的一团火/代替天上的老爷子/洗净生命/红头发的哥哥,喝完苦艾酒/你就开始点这把火吧/烧吧。"

教室里飘荡着优美的《starry night》,学生们则沉浸在小李激情高亢的声音中,诗人海子对画家凡高充满着由衷的热爱和崇拜之情,诗歌字里行间都表现出诗人对凡高生命状态的倾情关注,也带动了学生对凡高绘画作品一探究竟的浓厚学习兴趣。在随后的辩论游戏环节中 B 小组和 C 小组的同学展开了热烈的辩论,围绕的辩题是"你认同凡高的艺术价值么?"B 小组同学首先认为凡高的艺术价值更多源自后人对其作品的炒作,因为凡高活着的时候一幅画都没卖出去,而死后其作品却能拍出天价主要因为他传奇的一生。凡高之所以被神化,是因为附着在画家身上的种种传奇。譬如凡高一生贫穷潦倒,爱画成魔,是个疯子,他的割耳行为甚至最终麦田里的自杀都符合人们对于艺术家的想象,他具有传奇色彩的一生所具备的故事性也正符合人们对于天才艺术家的判断,所以我们认为相比他的艺术成就凡高是被传奇标榜出的"天才"。对此,C 小组同学给予了有力的驳斥:"凡高作为后印象画派的代表画家,他的艺术成就是不容置疑的,凡高的画作曾被拍出两亿七千万美元的天价,单就这点就足以创造纪录,当然他的艺术成就不能仅凭金钱衡量,更重要的是他在艺术上的独创性,无可厚非刚才小组同学所说的凡高个人的传奇经历的确是促成他艺术风格的重要因素,我们都知道凡高的绝大多数作品都带有强烈的个人情绪,作品代表了他内心挣扎、精神不稳定的状态,我们一直说凡高的画作有很强的生命感,就如熊熊燃烧的向日葵仿佛一直在抗争,但我们同时也了解到凡高为更好地表现自己的主观情感所付出的巨大努力,凡高热爱生活,向往爱情,珍视友谊,而这一切都可以从他画作中所体现的强烈色彩和个性化笔触得到验证。凡高像传道士一般传播他对于美的信仰,并不断努力,在创作后期他把从印象派中汲取的营养融合表现主义的手法,尤其是借鉴学习了修拉的点彩技艺后自创了一套对情绪表达极为有力的笔触画法,就是我们所熟悉的凡高极具动感的旋转笔触。这不仅使他所创作的作品具有强烈的情绪感染力也使凡高成为西方艺术史上独一无二的、辨识度极高的画家。"

上述这些游戏活动环节为后续《向日葵》作品的赏析学习做了很好的铺垫,大家显然已不满足于《向日葵》系列作品中所呈现的外在形式美感的学习了,更热衷于探索凡高绘画中个性化的色彩和笔触背后深藏的表现意义与象征意义。正如学生们在辩论中所提及的凡高孤僻的个性与特殊的经历烙印对于他在色彩笔触上的选择与表现有着强烈的影响,他借助绘画找到表达与诉说的出口。当然,凡高对于色彩笔触的运用不只是单纯地模仿自然或主观想象的结果,他探索着它们在绘画中的重要位置,并加以理解地展现出一个具有深刻精神内涵的世界,他运用夸张、简化、抽象等方法,将自然界的形色加以提炼,并在画面中加以设计,重新定义了绘画的审美方向与价值,这就是后印象画派的诞生。通过对凡高艺术的学习,学生开始深入关注后印象画派,并逐渐理解后印象画派的画家正是通过对画面色彩及形体表现性因素的运用,来抒发艺术家的自我感受和主观感情、寻求更具个性,也更有创造精神的表现形式。课堂游戏的整个过程中也培养了学生的团队协作、自主学习、公开表达、即兴发挥等能力。

3. 以情带技

艺术是人类情感和精神生活的创造表现,艺术作品以一种直观感性的形式传达出了艺术家的愿望、情感、个性、智慧以及对美的理解等。情感是维系人与人之间的基本纽带,是一种复杂而又稳定的态度体验,艺术作品中蕴涵的情感和思想就具有这种感人心的激情能量,它能够唤起学生的情感体验,美术创作的本质是人类在情感驱使下的艺术表达,缺乏情感的审美教育是苍白乏力的,很难想象美术教育在一种死板教条的模式化训练中能激发学生对艺术美的感悟。学校美术教育的根本目的不是在于培养艺术家、大师,所以技法技巧的学习不是最重要的,我们更希望学生能通过学校的美术教育,将美术视为一种陪伴其一生的有效学习方式,通过美术欣赏及创作活动的开展促进美术核心素养的形成,润泽学生的身心,点化人格,帮助每一个学生成为更好的自己,无论是艺术的欣赏或创作活动,最重要的都是先通过学生对美的感悟和体验激发对艺术美的感动和情感上的共鸣,人文关怀美术校本课程实施所提倡"以情带技"的策略就是改变单纯的美术技能训练或教条式的艺术欣赏法则,倡导用有意义的主题,激发学生创作动机和欲望,在积极的情感体验中提升美术创作水平。

　　学生所创作的作品因其个人经历与艺术经验所限,不可能像真正的艺术家创作那般完美,但技法上的稚嫩并不影响作品的艺术表现,学生的作品也往往因其所具备的真情实感和青少年所具有的独特表现视角而让人感动。一般学生创作的美术作品都会融入一定的情感因素,比如学生所创作的风景画作品往往表达自己对美景、自然的热爱;画人物则是寄托了对画中人的某种感情;如若在作品中表现出晦涩、扭曲变形的形象多半运用隐喻、夸张的手法表现心中的负面情绪等等。这样的画比比皆是,在本单元《徐冰的文字与装帧艺术》主题的学习中,教师先通过徐冰《地书》作品的赏析提供给学生一种艺术创作的思路,那就是艺术创作并非遥不可及,也不是所有的创作都要凭借娴熟高超的技巧,有时具有独特创意、令人意想不到的简单方式也能起到很好的效果并引发观者的共鸣。艺术家徐冰的《地书》正是凭借简洁易懂、随处可见的各类标记图识的创意组合创造出了人人能懂的文字艺术。这种简单的图示方法直观易懂又极具操作性,更满足了学生人人都能进行绘画表现的愿望。于是,在课堂的创作环节我要求学生借鉴模仿徐冰地书的表现形式,以《我的一天》为题进行绘画创作,当场便涌现出了许多优秀的学生作品(见图3-6),设定的主题创作因为贴近学生生活让他们感觉有内容可画,而图示绘画的方法又恰到好处地解决了部分学生在绘画技法上的薄弱之处,学生们用画笔记录下的一天生活各具特色、妙趣横生,他们互相之间对画作的欣赏和解读更让大家乐此不疲,显然简单的标记图示创作达到了很好的效果,在初次感受到"用绘画方式记日记"带来的创作乐趣后,大大刺激了他们进一步创作的欲望,有的同学都停不下来笔了,他们希望能通过一些简单的绘本创作更好地记录下自己的心情故事(图3-7)。在强烈的创作动机的驱使下学生进一步了解学习了绘本创作的基本技巧,这就涉及美术本体语言的系统学习:绘本的构图安排、角色设计、上色技巧,绘本文字的书写,等等,学生们在迫切希望表达自己想法的心理驱动下,会为了追求更好的画面表达而努力探索、不断钻研绘画技法并勤加练习。这探索研究的过程也就是"以情促知、以情带技"的过程,正是在不断地创作过程中学生积累了许多绘画技巧,继而使艺术作品更完整、生动、传神。

图3-6　学生作品《我的一天》　　　　　　**图3-7　学生的绘本作品**

事实证明,只要在情感的驱动下学生能拿起画笔,有了绘画创作表现的渴望那就有进一步激发他们对绘画技能技法探索研究的可能,因为一旦学生愿意主动去尝试绘画那就势必会希望能更轻松自如地表现自己的构思与创意。"以情带技"就是以情优教的过程,学生的艺术学习也因而成为一个释放个性、良性循环、不断进步着的过程。

三、人文关怀美术教学的提升策略

人文关怀美术教学中的提升策略是通过教学中一些具体方式方法的改变、技术手段的辅助运用影响学生的认知行为和心理,从而更好地提高教学活动的质量和水平。提升策略包括促进思考的策略、用技术解决问题的策略等,前者是通过一些具体的方法技巧帮助学生培养良好的思维习惯、提升思维品质,加深学生对艺术作品的深入理解,拓宽学生的艺术视野,提高对作品的鉴赏能力。后者则是在教学过程中积极发挥数字技术的辅助优势,运用数字信息技术提高课堂教学的生机与活力,为学生创造更好的艺术学习环境,增加艺术创作的方法手段、提高教学的有效性。人文关怀美术教学的提升策略把握了教学的"灵魂",并让美术教学的质量水平更上一个台阶。

(一)促进思考的策略

对于我们的美术教学而言,不是为了将所有的学生都培养成艺术家,但毋庸置疑的,所有的学生都会成为美术消费者,因为除了文化素养,学生们更需要艺术素养。在美术欣赏教学中如何帮助学生通过解读作品的表层意义继而洞察嵌入图像中的隐喻性的意义需要更高层次的思考。教师就是要运用适当的教学策略引发学生的思考,让学生能积极参与到作品的解读中,进而发展为具有美术素养的人。

1. 巧用对比法

格式塔心理学家认为:我们绝不能孤立地理解事物;我们总是将一个事物与其周围的事物联系起来理解。一个美术批评者在讨论美术作品时,总是会参照其他的作品,从而获得对价值判断的视角,这就需要在课堂里建立起可供讨论的相同框架。在艺术欣赏教学中比较与对比美术作品是一种非常有效的教学方法。在学生们不具备很强的背景知识、不了解很多与美术相关的术语时就可以参与到该活动中来。在我们的艺术课上,经常会讨论画家在不同人生阶段绘画风格的改变以及不同画家是如何处理相同题材的作品,这就不可避免地引发了对作品形式特征、风格以及不同作品背后所隐藏的背景文化、画家意图等诸多问题的讨论。

(1) 表格法的横向比较

美术虽然是一种视觉艺术,但在学生具体学习时仍需要借助语言、文字等手段辅助理解。但教师的实际教学中在其他学科学习中被广泛运用的表格比较法却往往在美术教学时被忽略。其实巧用表格会起到事半功倍的效果,会给学生留下深刻的印象,并起到一目了然的效果。表格法是一种最常用的对比方法,在表格中通过横列和纵列分别罗列出比对的对象和内容,学生可以更有针对性地开展学习。

例如在《毕加索的艺术人生》一课中,教师运用表格开展基于同一位画家的横向比较,帮助学生理解画家艺术风格的形成。课堂上教师要求学生对比欣赏毕加索的作品:《初次圣餐》(1896)、《镜前的少女》(1932),思考问题:一个在15岁时就能创作出《初次圣餐》的人,为什么会在差不多40年后创作出《镜前的少女》这样的画作呢?而在毕加索漫长的一生中绘画风格又经历了哪些改变?是什么原因导致的?为了帮助学生课堂展开更高效的学习和讨论,教师可运用事先设计的多张对比表格由浅入深地引导学生对于问题的思考,帮助学习活动有针对性地进行。表3-1是最初教师设计的两幅早、晚期作品的对比以此揭示作品风格改变会受到哪些因素的影响,随着学习的深入对比表格可延伸为表3-2,通过对画家一生重要阶段的绘画风格的分析,了解艺术作品的产生不可避免地会受到四方面的因素影响。

表 3-1 毕加索作品对比表一

对比内容	时代背景	创作动因	作品风格
《初次圣餐》			
《镜前的少女》			

表 3-2 毕加索作品对比表二

对比内容	时代背景	个人经历	绘画风格	创作动因
《初次圣餐》				
《人生》				
《拿烟斗的男孩》				
《亚威农少女》				
《镜前的少女》				
《格尔尼卡》				

通过表格比较对比方法的运用使同学们能追根溯源,了解大师绘画风格每一阶段的改变。原来14岁时少年毕加索就显现出过人的绘画禀赋,他能娴熟运用欧洲古典技法进行写实人物的刻画描绘,这点也是同学们始料未及的。通过资料的查阅学习学生们慢慢梳理了毕加索的绘画大事记:1901年—1904年的蓝色时期因好友自杀及生活的贫困导致画作呈现蓝、绿主调。1905年新的朋友和恋人的出现使玫瑰色、粉色等色彩舒缓地出现在毕加索的

画布上,也是"粉红色时期"的到来。1907年毕加索创作的《亚威农少女》成为其个人绘画风格的转折点,预示着立体主义的到来。显然的,他从非洲艺术中汲取灵感,用几何体来填塞画面,同时注重对四维空间的探索。而与同属于立体主义风格的好友布拉克的共同探索更是取得了一定的成就,立体主义先后经历了"分析立体主义"和"综合立体主义"两个阶段。20世纪初工业文明与机器制造业的飞速发展的给人们带来生活巨变同时,也直接影响着诸如毕加索这样的艺术家们对周遭世界孜孜不倦的探索和旺盛的创作激情。如果说西方传统写实绘画为了表现真实感往往运用透视法和明暗烘托法这两大坐标的话,毕加索就是向前迈出了一大步,他加了一个空间,用二度空间来表现四度空间,将第四度的时间带入了画面中,这也是他作品的奥秘所在。1937年法西斯空军对西班牙小镇格尔尼卡狂轰滥炸的暴行激怒了毕加索,促使了他的不朽名作《格尔尼卡》的诞生,作为对战争与杀戮的控诉,毕加索选择了立体主义的象征手法表现战争带来的苦难,他对于物象形体的拆解、重构及卓越的变形能力使作品较之一般意义上的写实作品更具有震撼人心的艺术效果。在毕加索长达70年的绘画生涯中经历了无数的变化和探索,而这其中更是夹杂了众多因素,对比表格的使用使我们得以透过绘画作品的表象去探寻其背后的深层原因,读懂这位对欧洲绘画产生不可磨灭影响的西班牙大师。

(2)维恩图的纵向对比

维恩图①可以形象地展示比较项目,用来比较任何两件作品。课堂上教师可以运用维恩图组织学生进行不同美术作品的纵向比较赏析。如图3-8向我们呈现了相互重叠的两个圈。试着让学生描述每一幅作品所独有的部分,也就是椭圆圈中没有重叠的部分,而在重叠的部分让学生们写上两件作品相同的地方。

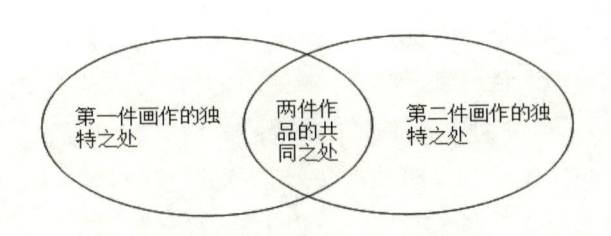

图 3-8 维恩图比较法

在整个对比学习活动的开展过程中教师应时刻关注学生的学习进程,对于讨论中遇到的难点给予及时引导,在学生依据维恩图进行练习时,给学生预留一定的时间,要求他们记录下讨论中的评论,最后让学生相互交流分享各自对于作品的发现。例如对于《格尔尼卡》的学习教师就通过维恩图的方式组织学生开展学习。教师提供同样战争题材的两幅作品:毕加索的《格尔尼卡》以及达利的《内战的预感》,请学生对这两件作品给对比,并分别了解立

---

① [美]迈克·帕克斯.美术教学指南[M].郭家麟,译.长沙:湖南美术出版社,2015:170.

体主义画派及超现实主义画派的艺术特点。针对同一次战争达利创作了《内战的预感》，毕加索则创作了《格尔尼卡》。二战前夕，西班牙佛朗哥在德、意帝国主义的武装援助下窃取了政权，对人民大众进行了肆无忌惮的镇压。1937年，法西斯空军对西班牙北部的重镇格尔尼卡进行了轮番轰炸，无数的无辜居民惨遭杀害，毕加索创作了巨幅作品《格尔尼卡》以控诉法西斯的暴行，揭示战争的罪恶。在此前一年即1936年，达利便敏锐地预感到西班牙内战的来临，创作了《内战的预感》。达利和毕加索都是开创一代绘画史的艺术先驱，对于同样战争题材的作品在表现手法上却截然不同，达利的画面着力表现战争的血腥和残忍，而毕加索的画面则充满着对无辜受难的西班牙人民的同情及法西斯暴行的强烈愤懑。学生的维恩学习对比图如图3-9：

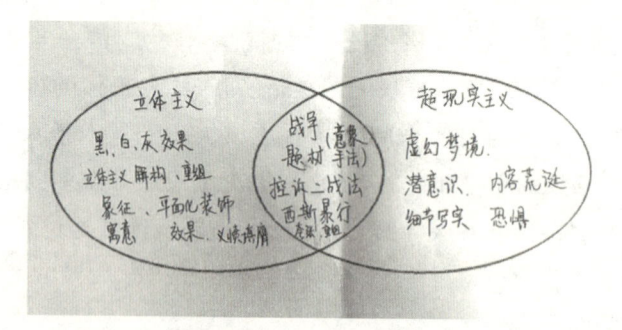

图3-9 《格尔尼卡》《内战的预感》维恩图比较法

从维恩图的对比学习效果来看，学生们很清楚地意识到两幅作品基本上创作于同一时期，描述内容的也都为战争场面。两幅作品在艺术处理上也均运用了意象手法，但两幅作品在绘画思想与具体表现手法上却存在着一定的差异，超现实主义画派的达利试图通过虚幻的梦境及潜意识中出现的场景描绘表现对于战争的厌恶和恐惧，在作品中达利用细腻、写实的表现手法画出了被肢解的人体，通过细节的细致刻画与内容的荒诞形成强烈的视觉冲击，使画面的残暴场景更显逼真，画面更多流露的是战前的压抑心理。而毕加索作为立体主义画派的大师却用了立体主义的解构重组的方法，把客观世界的物象拆散后再用平面化的装饰手法将不同视觉角度观察到的形象在同一平面重构，组成各个形象的不同形状在黑白灰关系下使画面呈现一种紧张恐怖感，恰当地表现了战争的混乱、黑暗和惊心动魄的感觉。不同形象的象征寓意也更为明确深刻地揭示了题材的内在意义。那么究竟是什么原因导致了两位画坛巨匠在表现同一场战争时却选用了不同的艺术处理手法呢？正是基于这样的对比思考激发学生深入探究学习的渴望。通过查阅相关资料、阅读画家个人传记，学生们了解到在不同的艺术表现形式背后有着深刻个人因素和社会因素。作为一名富家子弟，萨尔瓦多·达利从小过着富足的生活，习惯上流社会生活的他对于生活关注的焦点显然不同于体验过贫苦窘迫生活的毕加索，在他创作的蓝色时期表现了许多下层人民困苦生活的题材，经历过战争更能深切了解战争带给人们的痛苦。所以《格尔尼卡》能充分详细地描绘战争的每个细节，并以此唤起人们思想上的共鸣。而达利的作品虽然能够预感战争带来的灾难但只能凭借想象来表现对战争的认识。同样的,达利作为资产阶级的代表,一直不关心西班牙法西斯首领佛朗哥拥趸的政治事实,作品用令人惊骇的笔法表达其对于即将发生的佛朗哥借以内战抢夺权力的恐惧。毕加索一直是苦难民众的支持者,《格尔尼卡》正是对佛朗哥反动政权发动毁灭战争的强烈控诉。在达利的画面上我们只能看到战争对人性的摧残,看不出达利明确的政治立场,体现的只有对战争的巨大恐惧。而毕加索与人民同在的政治立场使他的作品更具正义感,更深入人心。基于此,毕加索的《格尔尼卡》比达利《内战的预感》影响更为深远。

比较对比是美术教学中常用的一种方法,通过比较学生能够直观地感受比较与被比较作品的特征,区分异同,明确对比的重点,从而揭示产生异同的根本原因并深化对比较对象的理解与感悟。比较法在人文关怀美术教学中的使用能让学生尽快接受美术知识并具备一定的理解力和鉴别能力,并且在各类纵向、横向的比较联系中得到"意外的收获",从而引发学生对艺术学习的深入思考,形成一种良性循环。

虽然比较法在美术教学中的使用有诸多优势,但也并非任何情况下都适用。首先,只有具有比较条件和价值的作品,才能确立为比较的对象。其次,在运用比较法时教师也需注意合理挑选比较的对象,尽量不要找那些对于学生而言生僻、陌生的作品,以便学生能运用已有的知识经验,迅速而准确地对作品形成判断,继而由此及彼,去认识、获取新的知识,加深认知理解的程度。最后,比较对比时应遵循视觉直观性原则。美术作品本身就具有很强的视觉直观性,运用比较法能更增强这种直观性,从而使某些抽象的美术作品或现象具体形象化。在比较教学时可借助各种现代教学手段尤其是通过多媒体的演示将作品尽可能完整、全面地呈现于学生眼前方便后续比较学习的开展。

2. 研究笔记法

在艺术学习的过程中,将与艺术相关的学生感兴趣的问题随时加以记录被称之为艺术学习中的研究笔记法。研究笔记法操作简单方便,只要学生准备一本空白的速写本就可以随时记录。对于学生而言通过历史的或美学的角度,运用批判性的观点来表达个人对于艺术学习的思考、感悟甚至反思都将有助于学习过程的知识意义建构。在研究起始阶段教师可向学生介绍一些大师的艺术研究笔记以供学生参考学习。例如介绍达·芬奇的艺术研究笔记,让学生了解到艺术是一种探索性的智力活动,了解艺术家是如何寻找灵感的,向学生介绍艺术作品的评判方法、美学探究、历史与环境研究方法并提供相关信息。因为通过这些活动,学生们不仅会发现他们是作为学习真正的主人参与到课堂中,更为关键的是会感受到艺术学习的意义之一即艺术思维能力的逐渐形成。

案例1:学生小严非常喜欢荷兰后印象画派的大师凡高,在研究伊始,她便在笔记中记录下她整理的关于凡高艺术学习的系列问题:

1. 凡高是精神病患者么?
2. 凡高的艺术创作与他的信仰有关么?

3. 凡高作品中的色彩笔触有何象征意义？

4. 在凡高短短 37 年的生命中究竟经历了什么使他最终选择以自杀的方式告别这个世界？

5. 凡高生前只卖出一张画，为何去世后作品能广受关注？

从她的研究笔记中可以明显地感受到她全身心地投入到对凡高艺术的学习研究中。她仔细阅读了凡高的自传，了解凡高的一生以及他曾经的生活体验。她绘制出关于凡高作品的思维导图，对凡高创作于不同阶段的自画像作品进行罗列对比，对照作品仔细描述记录、评判分析和评估，她运用历史参考资料并结合凡高丰富的个人作品来充实并支持自己的研究。

随着研究的深入，笔者鼓励小严去参观凡高的相关画展进一步加深对凡高的理解。在展览会上她同其他的凡高艺术的爱好者们交谈，对作品进行拍照，并记录下谈话内容和某些观点。研究的后期，小严不仅对于前期自己提出的问题有了很好的答案，更得出了这样的结论：仅从绘画作品的外形对凡高作品作评判是肤浅的，因为凡高的作品中并不只强调技巧，我们往往只关注外在艺术形式上的凡高却忽略了生命实质上的凡高。凡高的作品打动人心是因为他的作品呈现的是整个生命燃烧的形式。凡高是一个精神病患者却自始至终坚持自己的艺术信仰，描画下世界最纯粹和美的事物，没有那一种疯狂就不会看到美，也正是因为以信仰入画，他的绘画才会有血有泪，触及心灵，而之所以凡高的作品在他去世之后能逐渐为大家所认同和喜爱，也正是因为人们认识到了这点。

课堂上教师带领大家一起赏析了凡高创作于不同时期的自画像作品，并提示小严能否通过这些作品的赏析来验证自己的研究观点。教师引导大家思考凡高一系列的自画像真实记录了他正视自己的整个过程，自画像是凡高留给世人的心情独白，他用色彩和拉长旋转的笔触表现他的焦虑、狂想、热情、愤怒、激情和宁静。在自画像中凡高选择最真实的绘画方式展现出一个我。在随后的研究日记中小严记录下了自己对凡高不同自画像作品学习后的感悟。

"今天欣赏了凡高的《献给高更的自画像》，画中凡高可以在镜中看到这么深沉的自己，这需要多少诚实和多大的勇气啊。因为我了解到从 1888 年 9 月，为了迎接高更来到阿尔，凡高一直处于一种高亢的情绪中，在他的自传中提及在这一时期他读了一些有关日本的文学描述，他一直向往着遥远的东方，因为东方的僧侣用一生的苦修把自己献给了信仰，而这恰好也是凡高的人生追求。画面中青绿色平涂背景，单纯深邃，像巨大的心灵的回声将观者带入视觉冥想的领域。细看凡高对于自己五官的刻画有着许多浅黄浅白浅绿的油料，随着脸部轮廓起伏流走，记录一个生命受苦与煎熬的过程。我觉得在所有凡高的自画像作品中这幅作品中的凡高最为平静、素朴又极其庄严。凡高将这幅作品赠与高更，并比喻为日本僧侣献给永生之佛，也表达出他对于高更这位朋友的重视。"

——《凡高研究日记》，记录于 2015 年 10 月 15 日

"自 1887 年开始,凡高就饱受精神疾病的困扰,这一阶段密集性地创作自画像系列,在镜中审视自己,似乎将自己作为一个研究对象。1888 年 9 月创作的自画像透露着焦虑、不安,画面五官紧张显示出内心的煎熬忧苦。1888 年 12 月 23 日和高更争吵后导致了他的割耳行为,之后两幅自画像中的凡高一个叼着烟斗、红色背景,另一个则在柠檬黄的背景中加入了日本仕女浮世绘版画。两幅作品基本相同,角度、姿态、服装都相似,都是凡高通过作品逼视自己精神疾病的困扰,画面上更多的是焦虑浓郁的情绪堆积,眼神却无比平静,是不是割耳的行为转移了长久以来心灵保守纠缠难以解除的痛苦?凡高以惊人的冷静逼视着卑微、难堪、疯狂的自己,忧苦的眼神传达出的悲悯,他在寻求一种生命的救赎。看着这样的自画像我不禁反问自己,如果不是这样的喜爱凡高,我不会如此潜心地研究了解他的艺术,如果缺乏对他的了解,倘若我也是他的邻居,那份联名签署要求警局逮捕凡高强迫治疗的控告书上是否也会留下我的签名?凡高是精神病患者却看到了被我们忽略的最纯粹的美,我很健康正常却往往对世界美好的事物视而不见,研究学习凡高的过程是一次心灵净化洗涤的过程,让我重新认识自己和周围的这个美好世界!"

——《凡高研究日记》,记录于 2015 年 10 月 23 日

凡高作品中色彩的象征意义一直是小严学习关注的另一个焦点,我向她推荐了凡高脍炙人口的作品《夜咖啡馆》并提示小严可以从凡高写给弟弟提奥的书信中试着找寻其色彩的奥秘。在之后的研究笔记中小严记录下了这一段学习的过程。

"在老师的推荐下我找到了凡高于 1888 年写给他的弟弟提奥的书信,在信中他强调自己在画面中用红色、绿色表达人类恐怖的激情,房子呈血红与暗黄色,中间的绿色台球桌;柠檬黄的灯闪着橘色与绿色的光。画面的每一处都有奇特的红与绿的对比,在空洞而乏味的房子里,在紫色与蓝色中,其他形象就如同小小沉睡的牛虻。身穿白色衣服的地主在炉火的一角警惕地看着,衣服的白色在火光的照耀下变成了柠檬黄。而通过对凡高一系列作品的学习后,我意识到在凡高的作品中色彩都有其特殊的寓意,例如黄色代表了爱与光,红色代表了热情,红与绿则传递了冲突,蓝色象征着茫茫无限。同时凡高还极为擅长运用不同颜色的组合改变颜色的意义。"

——《凡高研究日记》,记录于 2015 年 11 月 8 日

最后小严以凡高的作品为原型,尝试创作她自己的作品,除了前文提到的《咖啡馆》外,她还模仿凡高风格创作了《静谧的夜》(图 3-10),画面在一片静谧的深蓝色夜空背景下是暖黄的灯光水面倒影,一如凡高惯用的色彩风格。夜幕下远处的城市高楼剪影和东方明珠电视塔的轮廓依稀可辨,画面用笔模仿着凡高拉长笔触的风格,夜空中星星点点、水面上波光粼粼,一切都笼罩在神秘、幽静的氛围中。而通过自身的绘画实践也更加深了小严对凡高象征性色彩的理解。

图 3-10 《静谧的夜》

各类多元化的研究方式给她带来了丰富的体验。纵观小严整个研究笔记的开展过程,不难发现她的研究是以主题和内容为基础且与画家的文化背景直接相联系,对于凡高艺术的学习了解她同时运用多种方法展开研究,目标不是枯燥的事实分析,而是个人兴趣的发展。最后研究又回到了她的绘画兴趣点上,整个研究的过程是开放式的,学生能够随时进行调整,探索、改变研究的视角和途径。在此过程中教师的作用是提供艺术家的研究资源,帮助学生完善研究技巧,在笔记内写下评语、问题或期望,通过笔记对话形成一种研究反馈,使学生能更专注于自己的选题并保持持续研究的热情。研究笔记的使用可以帮助学生整合知识,并通过自己的方式来应用知识,学生站在巨人的肩膀上可以看得更远。研究笔记培养学生评估、创造艺术的能力,而研究笔记产生的学习动力使学生善于思考、勇于发现和探索问题,不满足于接受既定的现成知识,借以提升学生的艺术思维品质。

(二)用技术解决问题的策略

随着现代信息技术的迅猛发展,人类已进入了"互联网+"时代,这不可避免地影响着以视觉为特征的美术教育。传统的美术教学媒介已难以适应现代美术教学的需求。利用现代信息技术可以使教学更为直观形象,让学生在认知和审美情感上更容易理解与融入,为教师的教学提供了更广阔的空间。现代信息技术给课堂教学提供了新的手段,注入了新的活力,它改变了传统的教学方法,也对美术教师提出了更高的要求。美术教师要与时俱进,熟悉各种现代信息技术,大力推进信息技术与美术课程的整合,丰富教学方式,推进教学创新,为艺术插上信息技术的翅膀,让技术更好地服务于艺术教学。

1. 巧用数位板——数字油画创作

笔者在艺术课闲暇常会找学生聊天,通过交流得知学生们对课堂上老师介绍的或在美术展馆里、画册上看到的经典油画作品怦然心动,当被问及有没有可能创作一幅属于自己的油画作品时,大部分学生都只能无奈地摇头。的确,对于大部分没有接受过专业绘画训练的学生而言,创作一幅油画艺术作品只能是美好的奢望,而学生亲自参与的创作与实践对于完整的艺术学习经历是必不可少的,因为只有真正尝试体验过才不会在艺术学习时陷于纸上谈兵、雾里看花的困境中,只要我们借助先进的数字技术就能让学生梦想成真!

在"艺术与人生"主题之《向大师致敬——数字油画课程》单元课程(表3-3)的学习中,正是凭借先进的数字技术——数位板和绘画软件ARTRAGE的组合运用,通过学习大师的绘画技艺,继而创作出属于学生自己的独一无二的数字油画作品,使没有绘画基础的学生也能享受绘画创作的乐趣。ARTRAGE(彩绘精灵)是一款非常优秀的数字油画制作绘制软件,支持数位板操作,其简易的操作界面一般学生很容易上手,更为关键的是软件附带的笔触类型和风格十分丰富,而我们正是运用其中的油画笔工具使没有绘画基础的学生也能创作出令人赞叹的艺术作品,享受绘画创作的乐趣。单元课中设计了结合绘画本体语言的蒙克艺术作品赏析,通过经典解析——临摹学习——二度创作三个层层递进的学习步骤,利用数字技术帮助学生完成从赏析——理解——模仿——创作的艺术学习实践的整个过程。

表3-3 向大师致敬——数字油画课程

	子课题与教学内容	学生完成的各类学习单作业
第一单元	**研究艺术——解读大师(2课时)** 选一位自己喜爱的艺术家,配合学习单的使用,查阅资料,完成学习报告,深入研究大师,了解艺术家的生平经历、艺术风格、代表作品等,学会从描述、分析、解释、评价四方面对其代表作品进行赏析。	
第二单元	**临摹艺术——借鉴大师(3课时)** 运用数位板临摹自己最喜欢的一位大师的代表作品,尽可能运用ARTRAGE软件中的油画笔工具去模仿、感受油画语言的特性,学习大师的表现手法和风格语言,感受艺术家创作的过程,体会油画作品创作的成就感。	

(续表)

	子课题与教学内容	学生完成的各类学习单作业
第三单元	**创作艺术——模拟大师（3课时）** 借鉴你所喜欢的大师的绘画风格，在作品中融入自己的创意和想法，对作品进行二度创作。并在学习单上运用思维导图的方式记录下你的创作构思，并绘画下作品的简单创作稿图。	
第四单元	**评价艺术——学做大师（1课时）** 将你的作品上传至微信公众平台，请同学或教师对作品开展评价。在自我评价时，结合整个单元课程的学习情况，如实对自己的整个学习过程开展评价，在互动中体验数字油画创作的乐趣。	

《青春的呐喊——蒙克的表现主义艺术》是其中单元子课时，课堂以挪威表现主义画家蒙克的代表作品《呐喊》为例，我设计了"向蒙克学表现"的教学活动，课前教师引导学生主动进行课前的自主学习：收集、筛选、分析网上丰富的图文资料，学习关于表现主义绘画的相关知识、表现技法并为后期创作收集素材；之后的课堂上师生运用 PPT 介绍，让学生了解表现主义绘画风格中画家象征和隐喻手法的运用，对于大师经典作品的赏析则帮助学生从形式、技法、创作观和文化背景等方面全面了解画家蒙克。微课教学则在短短10分钟内直观形象地演示了 ARTRAGE 绘画软件的基本操作方法。随后，学生们借助数位板和 ARTRAGE 绘画软件，运用软件中的油画笔工具对原作进行了临摹学习，在临摹的过程中学生充分感受到蒙克作品夸张扭曲的变形效果和强烈炫目的色彩对比，在感受体验蒙克绘画技法特色的过程中我也适时引导学生进一步体会画家作画时的情感：蒙克因其个人经历和遭遇，在作品《呐喊》中表现了"世纪末"人的忧虑与恐惧。

《呐喊》作为典型的表现主义绘画风格的作品，夸张的造型、动感的线条、鲜明的色彩和极具形式感的构图都使作品充满粗犷、强烈的艺术表现力。作品所有的形式要素都表达了画家深深的忧郁和不安。当然临摹不是学习的最终目的，临摹只是学习的方法和手段，通过对于《呐喊》作品的临摹学习我们可以借鉴大师的绘画风格，学习大师的绘画语言并用于自身的艺术创作中,经历"像美术家一样的创作过程",我鼓励学生在理解作品的基础上大胆创新、勇于尝试,既然《呐喊》是蒙克基于自身体验创作的作品,那我们也完全可以结合自身的生活经历和情感体验借助数字技术,模仿蒙克的艺术表现方法,着手进行自己的二度创作,通过绘画释放个性,展现自我。同样的绘画实践还包括毕加索立体主义风格作品的借鉴创作。学生小陈在我的数字油画拓展课上对毕加索产生了浓厚的学习兴趣,她认为:"真正的大师并不在于画作精妙到符合绝大多数人的审美趣味,而在于个性风格的凸显以及审美的革新。"而这恰恰也是毕加索作品吸引她学习的重要原因。随后小陈通过临摹学习毕加索作品、实地参观毕加索大展、查阅相关画册资料并结合学习单,总结概括出立体主义风格的若干特点,并以毕加索《镜中的少女》为例进行了大胆的二度创作。

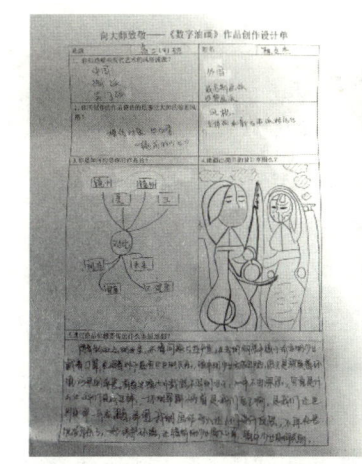

图 3-11 小陈结合学习单的使用运用数位板在进行创作

学生在我的指导下纷纷开始了绘画体验(图 3-12),最后的作品让我赞叹于他们非凡的创造力和想象力,小陈作品中的少女因为严重的环境污染——"雾霾"不得不戴上了防霾口罩,小陈借以创作表达她对现今雾霾环境的深深恐惧和担忧。学生小徐的二度创作中表达了她对现今社会越来越多的"物质女""拜金女"的憎恶之情。在她的作品创作设计单中她这样阐述自己的作品理念:

在这个到处鼓吹"物质大于精神"的浮华时代,成就了越来越多的物质女、拜金女,在我画中镜前的这个女子就是一个盲目崇拜金钱、物质至上的拜金女,她对于幸福的理解就是靠华丽衣装、贵重奢侈品来装点她平凡的人生。镜中的女子是她真实的写照,即便手中拎着上万元的名包,也是空有一身皮囊,徒有其表,所以我用色彩留白处理了她的上身,精神灵魂的匮乏远比物质上的贫乏更让人感觉可悲。把金钱价值看作最高价值、一切价值都要服从于金钱价值的思想和行为是令人鄙视的。早在北宋,文学家苏东坡就说:"腹有诗书气自华",我们应该将知识、文化修养视作人生最好的点缀品,努力成为爱读书、读好书、善读书的新一代学子,让诗书成就你的高深修养,养成你志存高远、厚德载物的大气。把内心腹有诗书作为使自己美丽的途径。摒弃那些庸俗的价值观,只有高贵的气质才会随着岁月的沉淀更具魅力。

图 3－12　学生在创作中

作品中无论是对于梦想的渴求还是迫于学业压力的呐喊抑或是对于环保现状的焦虑、交通拥挤的担忧等，都是学生各自真实情感的流露表达，作品因真实而动人，借助数字技术的翅膀，学生们在艺术的天空中大胆翱翔。最后，同学们纷纷将自己的作品上传到学校的艺术学习交流平台——微信公众号"上理工附中艺术吧"进行作品的展示交流，艺术吧上学生们精心制作了关于数字油画作品的推送，并通过留言、点评、互赞、互粉等形式进行作品的交流，更多的学生则是在互联网上大胆发表自己的美术作品与创作心得。学生小陈因为成功改编毕加索的作品获得创作的成就感，这对于她这个毫无绘画基础的同学而言特别值得高兴，为了让更多和她一样的同学能体验数字油画创作的乐趣，她自发在艺术吧上推送了《助你成为毕加索》的数位创作教程并附上自己的数字绘画作品的详细步骤图（图 3－13），在这份推送稿中她俨然成为一位颇有创作经验的小老师，不仅分享了自己的学习经验，更从毕加索立体主义风格的 3 大特点入手，以真人模特为例，借助绘画软件通俗易懂地介绍了毕加索在立体主义风格作品中所擅长表现的几何体解构重组的鲜明特色。通过艺术吧平台的学习，校园里随即刮起了一股强劲的"数字油画创作风"，诞生了一大批优秀的作品，如图 3－14，学生们在艺术的体验与实践中不仅增强了自信更赢得了广泛的校园反响。

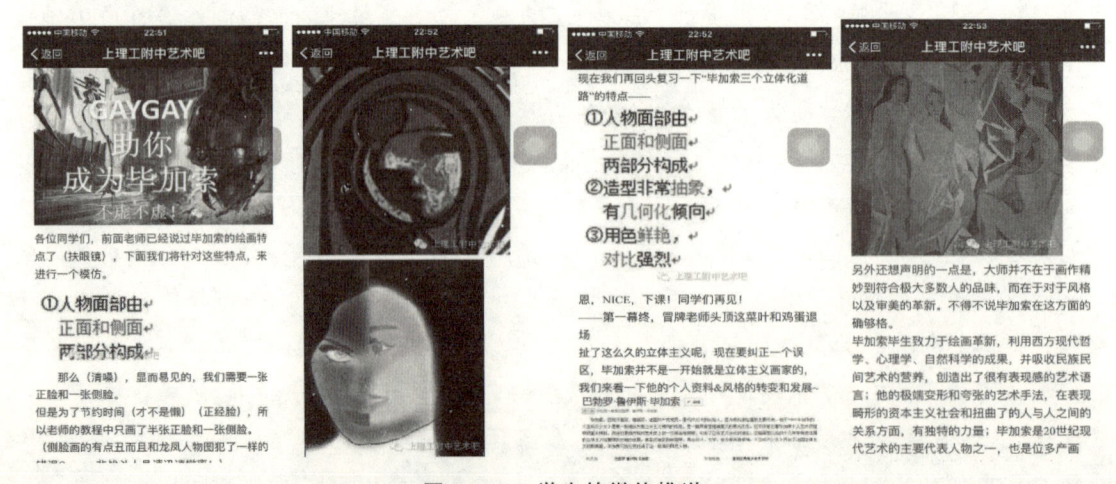

图 3－13　学生的微信推送

64

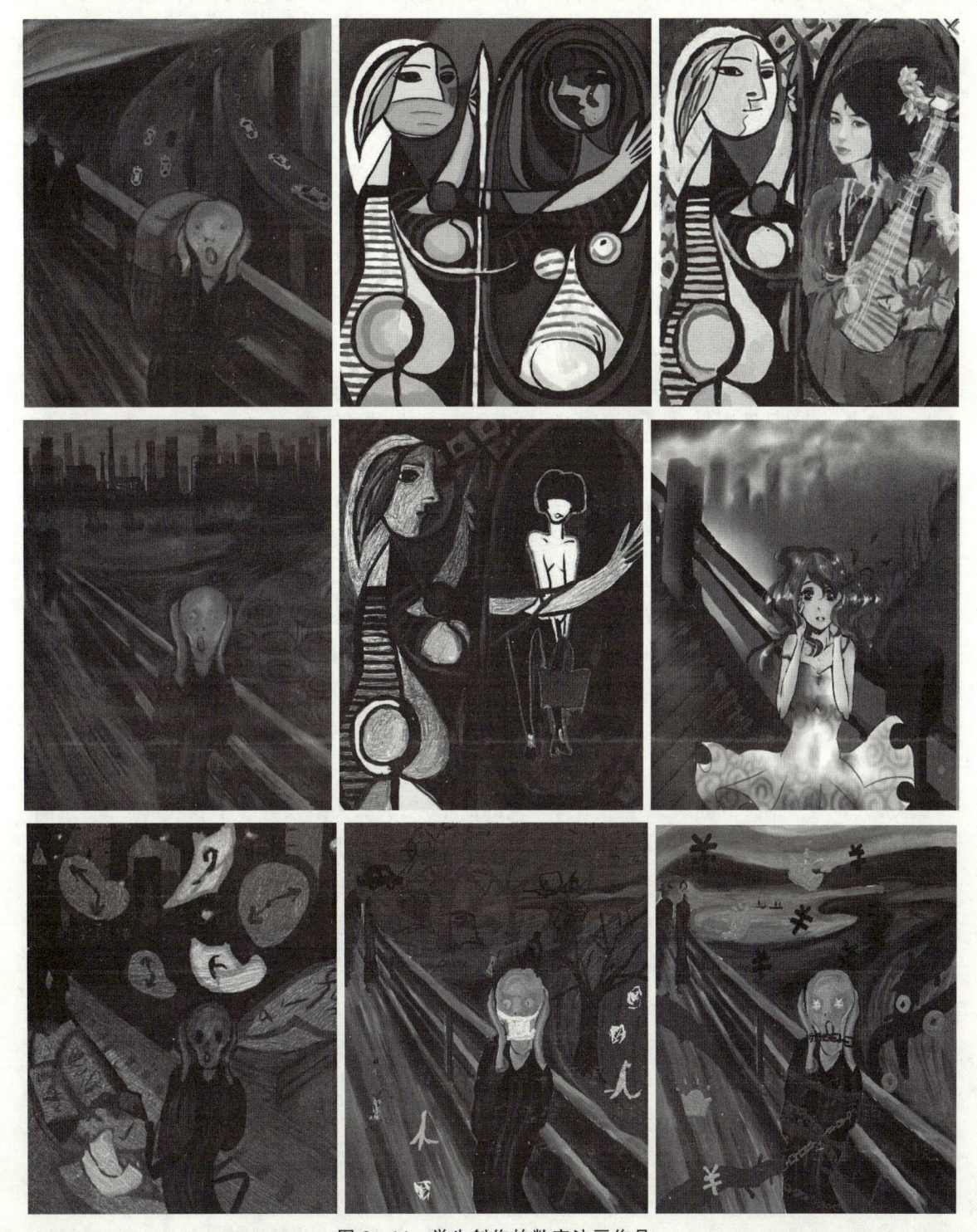

图 3-14 学生创作的数字油画作品

本案例中快速发展的数字技术大大降低了艺术创作的门槛,使学生人人都能成为艺的创作者。数字油画创作,让学生不再局限于传统的绘画技能,帮助他们在构思、方法上有了新的突破,让他们敢于尝试,挑战和表现,最大限度地激发学生本能的创作热情。通过课程学习,每个参与学习的学生都能借助软件激发创意,并最终完成属于自己的个性化、独一无二的画作,而信息技术的有效使用更使我们的美术课程最大限度地调动学生的创作热情、创新思维,为培养学生综合艺术能力奠定下良好的基础。

2. 定格动画创作

在《徐冰的现代文字艺术》的第三课时中我和学生一起赏析了《地书》作品,徐冰《地书》作品中的创作素材源于生活中随处可见的各类图示,这些图示来自各个地方,比如高速公路上的指示牌、飞机上的安全指南、微波炉的使用说明甚至口香糖的外包装说明等。徐冰的创作本意是希望通过自己的努力,打造全新的一套文字系统,这套文字系统不同于之前的《天书》,《地书》试图打破国界、种族、文字语言的障碍,使不识字的小孩、文盲都可以看懂读懂,使所有人都能借助这样的一套文字系统进行有效的沟通和交流。《地书》给我们的启示是当艺术返璞归真后,往往最简单、最直接的表现方式也是最有效的,能起到意外的效果。

我建议学生可以借鉴徐冰《地书》的创作理念和形式,试着用一些最简单的元素、最便捷的方法制作一部定格动画短片。因为动画艺术作为高中生们喜闻乐见的艺术形式一直以来就受到广大学生的追捧,而随着数字技术的不断发展,动画电影的创作不再曲高和寡,学生们完全也能尝试制作一部自己的动画微电影。定格动画是一种对设定好的对象进行逐格拍摄,并连续播放所拍画面,利用人的视觉暂留现象让观者产生视觉动态影像感的动画艺术形式。高中生对定格动画的创作是充满好奇和学习热情的,但专业的拍摄器材和繁复的硬件设备往往让学生们望而却步。保护好学生的学习热情,用最便捷的方式让他们获取创作成就感是极为重要的。我先鼓励学生用符号化的简单方式(如火柴人等易于表现的形式)绘画下自己的学习生活,作为动画素材积累,随后对积累的素材进行筛选和必要的补充,按要求对素材后期进行符合逐帧拍摄的调整,并通过数码相机记录下逐帧拍摄的画面。"会声会影"软件作为一款功能强大的视频编辑软件,简单好用且极易上手,学生将拍摄完成的图片导入到软件中进行后期的电脑合成,为短片添加上片头、音乐、旁白,就最终成功完成了动画微电影的制作。

在老师的悉心指导下,班级学生根据各自的特长进行了人员的合理分工,按工作任务成立了合作学习小组,包括脚本创编组、素材绘制组、动画摄像组和电脑后期组,大家齐心协力、通力合作。脚本创编组的学生在现有素材的基础上完成了分镜头脚本的改编,素材绘制组的学生依据分镜头脚本对素材进行了必要的补充和修改调整,之后就进入关键的动画拍摄阶段,动画摄像组的同学准备好数码相机并调整好室内光源,依据故事情节发展需要进行动画的逐帧拍摄,为了保证后期动画成片的完整流畅,学生们对出现跳帧的地方进行了仔细地核查,最后的电脑后期合成是整部动画电影的关键,电脑后期组学生对所有拍摄的素材进行了整理剪辑和后期配音,并最终成功完成了定格动画《成长的代价》的制作,这是一个讲述对学生时代纯真校园生活美好回忆的小短片,记录了学生成长过程中矛盾的心理,表达了珍惜当下校园生活的真实心情,如图 3-15。

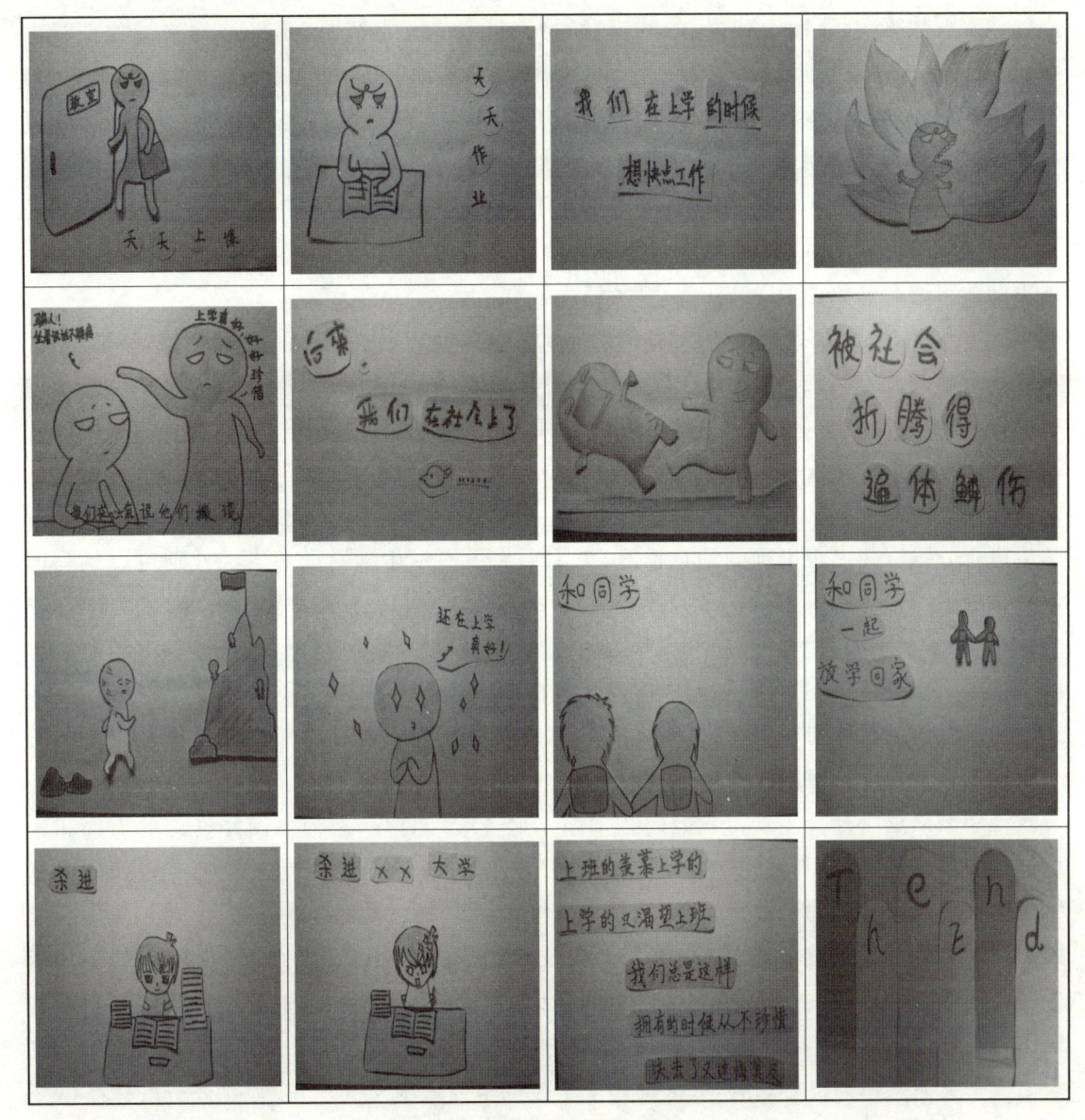

图 3-15 定格动画《成长的代价》

对于学生而言定格动画的创作过程是一个有趣的、轻松的过程,因为随着数字技术的不断发展,动画小电影的创作甚至不需要学生具备太强的绘画功底,只要会涂鸦一些简单的造型,凭借数字技术就能完成,这对学生们而言完全是一种全新的创作形式,创作过程既培养了学生的视觉表达能力,也增强了他们团队协作和整合创新的能力,学生的艺术素养和综合能力都得到全面提升。

3. 创建微信平台

随着大数据"互联网＋"时代的到来,新型移动设备不断发展,借助移动终端如平板电脑、手机等开展微型学习逐渐成为一种新型的学习模式,移动学习是通过结合移动计算机技术带给学习者随时随地学习的机会,通过移动设备学生可以在任何时间、任何地点开展学习并提供师生之间的双向交流。自腾讯公司推出微信公众平台后,使用人数不断上升,高中生中就有微信的使用者。2015年9月笔者创建了"上理工附中艺术吧",这是一个基于微型公众平台的移动课程平台,通过这个平台不仅可以分享课程资源,促进学生的学习,更能加强师生间的沟通和交流。

"上理工附中艺术吧"主要用于各类艺展讯息通告、学校重大艺术活动的展示和推广、艺术课程资源的开发与利用、师生艺术学习的沟通交流、艺术教学的探索与实践、学生艺术课程评价、艺术作品展示,等等。当学生关注微信公众号后,师生间就建立了双向联系,快捷便利的使用方法为学生提供了最便捷的课程学习入口,满足学生随时随地学习的需求。利用微信公众平台的群发功能,教师可以保持与学生的及时联系互动,不仅可以利用后台操作对学生进行分组以便实现准确的消息推送,更能大大提高学生学习的效率。教师可以将与课程相关的学习信息转换为微信公众平台的素材,把需要群发的课堂教学内容、相关课程资源、课堂教学实录、课程学习单等以新建的图文信息等方式添加到公众平台上,图文消息可以是单图文信息或多图文信息,同时支持超链接的方式方便推送。

目前微信的公众平台限制每天只能发送一条群发消息,所以教师可以尽量利用这每天一次的推送机会编辑多图文的信息,使单条群发信息的内容更加丰富精彩。那么如何合理有效地用微信这个社交工具为我们的艺术教学服务呢?首先,教师要做好资源的筛选和建设。随着信息社会的不断发展,各种网络资源零零散散,层出不穷,对于教师而言如何根据学生已有的知识基础和学习背景,围绕教学目标合理组织相关内容进行推送,对于学生后续提高学习的有效性有着举足轻重的作用。我校的"上理工附中艺术吧"的一大亮点就是与学生的自主课堂相挂钩,由班级推选的学生网管编辑推送稿,因其艺术资源经过筛选且知识点集中针对性强,往往成为学生们竞相阅读点赞的内容,艺术学习从课堂延伸至课外,并形成线上线下交流共享的良好态势,大大提高了学生的学习效率。其次,教师要充分发挥微信公众号平台的一些基本功能和插件的作用,如通过平台的留言功能随时进行提问和答疑互动。利用微信师生还可以通过多种方式加为好友,通过微信发送语音短信、视频、图片和文字,教师的教学资料同样可以通过扫二维码、推送等功能进行发送。有了微信这个学习交流的平台就能将网络上与教学相关的资源进行整合,学生之间也会利用微信互发学习资源的链接,丰富拓展各自的学习内容、实现优秀资源的共享。最后,对微信平台内容精心设计。教师在进行平台内容的设计时,要注意内容的趣味性和形式的多样性,考虑到微信基本是基于手机的运行平台,教师就要考虑通过短小精悍的内容形式来帮助学生在最短的时间里达到学习目标。基于微信平台对于信息传送的即时性及快速性的特性,教师编辑的图文信息在注重趣味性的同时也要具有一定的科学性和学科知识的严谨性。图文内容设计时还需注意首页图片标题和扩展二级标题要简洁并具有吸引力。美术是一门视觉艺术，我们可以借助一些第三方软件对微信内容进行合理排版，美观趣味性的内容都可以增强学生的阅读学习兴趣。

微信公众平台作为一个特殊的网络教学平台，在教师和学生之间形成便捷高效的沟通渠道，微信所具备的及时交流的功能使学生都乐意利用这个平台开展学习，从而建立起以学生为主体的教学模式，并充分挖掘学生的主观能动性。微信平台的资源共享推动着整个学习的进程，让学生积极主动地参与到课前、课中、课后的整个学习过程中。借助微信平台我们的课堂教学可以采用不同的教学方式，例如自主探究、学生间的交流互动、美术主题研讨、艺术场馆教育、美术经典作品赏析等，包括课前准备以学生自主探究方式进行，课堂教学后平台上生生、师生的群体互动，课后的拓展延伸以及教学反思。

我校的微信公众号"上理工附中艺术吧"一经建立就吸引不少学生加入，从最初的几十人发展成为如今逾百人的规模，在师生中享有较好的口碑。笔者任课的班级由学生推选出班级信息技术能力较强的同学担任班级的微信管理员进行日常推送稿素材的整理和编辑，并在每周的指定时间发送到指定邮箱。微信公众平台结合艺术课上学生自主课堂的精彩表现，形成了一周一推送的惯例。自主课堂作为我校践行人文关怀美术校本课程的重要教学方式一直深受学生喜爱，学生的自主课堂教学就是在老师的指导下，学生以小组合作的方式，自主选择教学内容，制订教学方案，组织课堂教学。"自主课堂"上学生以小组为单位轮流上台开展"自主教学"。自主课堂的精彩瞬间通过照片和视频的方式记录了下来，班级微管员又将这些素材整理编辑成了一周的自主课堂通讯稿。微信的公众平台上各个班级在自主课堂PK赛中互相借鉴、互相交流，每个班自主课堂上精彩的教学内容、教学资源更能在全年级实现共享，学生可以自主地选择相关内容开展学习。利用互联网信息更新速度快的特性，教师能借助平台实现教学的及时反馈，开展反思性教学。学生可以通过平台，查询学习资料，提出问题，由教师及时回复。而微信平台受众多元化的特点，更能促进评价的有效开展。对于每学期的最佳自主课堂评选，教师可利用平台的投票功能，使原先单一的评价主体扩展至所有平台的关注者，促进教学相长（图3-16）。

图 3-16 "上理工附中艺术吧"公众号推送

  在大数据时代背景下,微信平台的使用将艺术教学从课堂延伸至课外,因其新颖的学习方式极大地促进了学生的学习积极性,满足了学生在紧张的学习压力下对艺术碎片化学习的需求,锻炼了他们自主学习的能力。公众平台的有效合理运用也为师生、生生之间的交流开辟了新的渠道,增加了师生互动的机会。对于学生艺术学习情况的推送则帮助更多的人(教师、家长、朋友)关注到学生的学习并参与到学习评价中,将微信公众平台用于辅助日常的艺术教学更符合现代高中生的习惯。

第四章　人文关怀美术校本课程的教学评价
——以教材中"美术与心灵"主题为例

教学评价[①]是以一定的客观标准对教学计划、教学目标、教学过程和结果的价值或特点做出判断,教学评价对教学的各个环节起着导向与质量监控的作用,是决定教学成败的关键之一。人文关怀美术校本课程的教学评价是对课程教学进行质量评估和监控反馈的过程,能及时发现总结课程教学过程中的经验和问题,不断调整、完善校本课程,使之更利于学生的发展。人文关怀美术校本课程教学评价的目的是促进学生的全面发展,改进教师的教学,是课程不断发展的重要环节。

在后现代课程观的影响下质性评价越来越受到教育界的重视,并被视为一种相对于量化评价的更为科学的教育评价方法。质性评价,也被称为自然主义评价(naturalistic evaluation),主张评价应当全面、自然、多元地反映教育过程和课程收获的真实情况,从而为改进课程教材和教学方法提供可靠的实际依据。质性评价反对科学实证主义在认识上的基本观点,即将复杂的教育过程和课程收获量化为数字,它认为科学实证主义的做法歪曲了教育评价所能提供的信息,并有可能在过程中丢失重要信息。李雁冰在《课程评价论》[②]一书中认为,质性评价就是力图通过自然的调查,全面充分地揭示和描述学生及其学习过程的各种特质,以彰显其中的意义,促进理解,主张评价应全面反映教育现象和课程现象的真实情况,为改进教育和课程实践提供真实可靠的依据。

质性学生评价无论是从内容、价值、操作方法等方面都有其独特的个性,从表4-1与量化学生评价的比较中就能得出其重要特点。

[①] 涂艳国.教学评价[M].北京:高等教育出版社,2007:6.
[②] 李雁冰.课程评价论[M].上海:上海教育出版社,2002:16-17.

表 4-1 量化与质性学生评价比较[1]

比较项	量化学生评价	质性学生评价
价值与事实	分离	密不可分
评价的内容	事实、原因、影响、作品、变量	故事、学习过程、意义、整体探究
评价的设计	结构性、事先确定、比较具体	灵活、演变、比较宽泛
工具和手段	量表、数字、计算、统计分析	档案袋、语言、描述分析
评价呈现方式	抽象、概括、客观、简洁	描述为主、个人反省、杂乱、深描、多重声音
信度、效度	实证、固定的检测方法	证伪、相关关系
文化问题	不受重视	非常重视
评价者	客观权威、心态明确	反思的自我、互动的个体、心态不确定、含糊、多样性
评价的阶段	线性流程	循环演化，重叠交叉

如果说量化的学生评价本质上是受"工具理性"支配的话，那么质性学生评价则是以追求"实践理性"和"解放理性"为根本目的的。通过上表对比我们不难发现，质性评价从本质上并不排斥量化评价，而是弥补了量化评价的缺陷。应该说，质性评价已内在地包含了量化评价，是量化评价的反思批判与革新。两者的关系不是相互对立的，而是互补的。笔者认为质性学生评价是指在自然情景下由教师、学生、家长等多主体参与，以多元的方法和不同维度对学生的学习过程与结果进行整体描述和探究，以达到促进学生发展的目的。质性评价包含着两层意思：评定活动采用质的方法进行，评估的内容指向学生的学习特性本质。

人文关怀美术校本课程的评价从本质上而言就是质性评价，是评价者和被评价者通过"协商"共同完成心理建构的过程。课程评价更为注重的是整个学习过程而非简单结果，由于评价受"多元化"价值观支配，师生可以互为评价主体和评价对象。由此，评价的过程成为民主商榷、师生共同参与的过程。

人文关怀美术校本课程评价，弱化对学生的鉴定和甄别功能，贯彻素质教育的精神和"以学生发展为本"的指导思想，旨在促进学生的学习。课程评价的核心，是促进学生美术素养的发展，通过突出学生评价的过程性和个体差异性等，建立发展性的、开放性的评价体系，努力创建"平等、自由、民主、和谐、宽容"而富有智力挑战的美术学生评价系统。在课程评价中改变过去美术学科中单一化的评价标准，呈现出美术学科的人文性，个性化的基本特征。首先，《普通高中美术课程标准》中明确指出"美术学科具有人文性质"，多元化的评价标准使学生了解到美术的学习是为了更好地汲取不同时代、地域的美术作品中所蕴含的丰富的人文精神，是一种表达自己对人文精神理解的手段。其次，美术学科具有个性化和多样性的特征，审美形式、表现方式都是多样和个性化的，即便是学科作业中的学生作品也不是一个单

---

[1] 陈向明.质的研究方法和社会科学研究[M].北京:教育科学出版社，2000:11.

纯的答案,而是一个承载着学生思想、创意、技能等各方面综合能力的作品。最后,美术学科的特殊性决定了它的课程评价必然不同于其他科学学科,绝对的正确和错误在美术学生评价中是不存在的,也是不被提倡的。学生评价应是对学生学习过程和各方面的综合评价,而不是一个与固定标准符合的终结性判断。我们的美术学习不是为了培养艺术家,而是重在培养学生感受美、发现美、创造美的能力,所以课程评价应当具有多元化的评价标准和方法,用相对的量化分析和定性描述相结合的评价方法来达成"促进学生发展"的根本目标。传统美术学生评价仅仅是静态地评价学生的学习结果,而在后现代课程观下的课程评价应当动态地对学习过程进行分析和评价,并注意两者的统一。学生评价成为教学的一个部分,在学生评价中学生不再是被动的接受者,而是通过评价这一手段促进自身的不断反思,自我更新,使其成为学生学习的重要组成部分。人文关怀美术校本课程倡导"学习共同体"的实现,顺应这一要求学生评价的主体应当从"教师"扩大为"领导、教师、家长、同学、自己",是一个围绕共同学习目标的共同体。课程评价在不断完善教师对学生学习评价的同时也要让学生、家长等评价主体学会评价教师的教学。教师在帮助学生学会自评互评、学会学习和自我教育的同时也应通过其他评价主体的评价反馈及时反思教学,调整策略,成为"可持续发展"的学习者。也就是说,有效的学生评价体系应当是一个相互制约、相互促进、不断提高完善的自组织系统。

综上所述,人文关怀美术校本课程评价的主要特征表现在以下几个方面:

Ⅰ.教学评价是通过评价者和被评价者的"协商",进行共同心理建构的过程。

Ⅱ.评价是受"多元主义"价值观所支配的,这种多元性包括多方面的内容。一是评价内容的多元,学生的知识、能力、情感态度、价值观、方法、过程等无不可以成为评价的内容。二是评价方法的多元性。三是评价主体的多元化。

Ⅲ.评价的基本方法是质性研究方法。

Ⅳ.评价的基本理念是为了促进学生的发展。

Ⅴ.评价注重过程性。评价是对学生学习的一种过程性评价,是评价过程与教学过程的有机融合。

目前,我校人文关怀美术校本课程评价一般运用以下三种评价方式:

Ⅰ.档案袋评价法(portfolio assessment),又称"卷宗评价""成长记录袋"等。档案袋评价把评价与学习过程结合起来,以学习者的自我评价为目标,要求学生对自己所收集的资料进行自我分析与反思,以培养其反思学习的习惯。

Ⅱ.苏格拉底式探讨评价法。强调把学生参与班级活动、课堂讨论的表现作为评价学生学习成绩的一个重要组成部分,目的是要促进学生进行更加有效的思考。

Ⅲ.表现性评价。是指通过观察学生在完成实际任务时的表现来评价学生已经取得的成就。如学生课堂学习的参与程度,思考能力、展示能力、小组合作能力等都可以作为评价的对象。

《普通高中美术课程标准》是我校人文关怀美术校本课程开展评价的主要依据,随着课程的不断完善和发展,对学生评价的要求也日益发展。《普通高中美术课程标准》第四部分实施建议中的评价建议第4条指出:注重质性评价,提倡成长记录评定。课程标准提出评价除了关注学生掌握美术知识、技能的情况,更要重视对学生美术学习能力、学习态度、情感与价值观等方面的评价;强化评价的诊断、发展功能及内在激励作用,弱化评价的甄别与选拔功能。在课程教学中采用质性评价的方式是课程标准的基本要求,亦符合高中课改的基本精神。我校人文关怀美术校本课程评价在实施中遵循以下原则:

1. 重视学生自我评价

《普通高中美术课程标准》强调了开展各类学生评价活动的同时,应当重视学生的自我评价。自我评价包括自我分析、自我反思、自我判断、自我决策等能力,是引导学生自主学习、步步深入并获得成功的关键,也是学会学习的重要标志。在美术教学中如何帮助学生进行自我评价?首先,教师可以根据教学目标制订"自我评价表",教师可以根据学生的实际情况来制订既符合美术学习特点又符合学生年龄特点的评价工具,也可以采用师生共同拟订评量标准的方式,这是帮助学生明确学习目标,有效地进行学习的第一步。通过具体可操作的量表指导学生自我评价,可以增强学生的目标意识和自我评价能力,因为学生只有在明确知道评价标准的情况下,才能以此为鉴,有效地完成自己的学习活动。其次,学生自我评价可以采用问卷形式,也可以采用建立学生学习档案的方式。学生在学习档案中收集美术学习全过程的重要资料,包括研习记录、构想草图、设计方案、美术作业、相关美术信息(文字或图像资料等)、记录自我评价以及他人评价的结果等内容。学生可以通过美术学习档案进行自我评价以便及时了解自己的学习状况,对学习形成反思,有效地提高学习质量。

2. 注重对学生参与美术活动表现的评价

《普通高中美术课程标准》指出:"美术教学评价既要通过美术作业评价学生美术学习的结果,更需要通过学生在美术学习过程中的表现对其在美术学习能力、学习态度、情感和价值观等方面的发展予以评价,突出评价的整体性和综合性。"美术活动表现性评价要求通过观察、记录和分析学生在美术学习中的客观行为,对学生的参与意识、合作精神、操作技能、探究能力、认知水平以及交流表达的能力等进行全方位的综合评估。教师要将美术学习不同阶段的不同教学目标进行分解、细化、量化后设计出评价表,活动表现评价可以采用个人、小组或团体的方式,既可在学习过程中进行,也可以在学习结束后进行,评价结果以简单的形式加以记录,并给予学生恰当的反馈,以鼓励多样化的学习方式。当一个阶段的学习暂告一段落后,教师应综合学生的学习档案袋、各阶段作业和综合表现的得分,做出终结性评价,客观实际地判断学生学习质量和水平。

3. 采用多种方式结合开展评价

美术学科的多元门类和表现形式、学生的个性差异都要求在教学中采用多样的评价方法评价学生的美术作业。在人文关怀美术校本课程的学习过程中主要采用档案袋、评价,教师应要求学生做好"学习档案袋",保存学习资料,记录学习的全过程。表现性评价一般用于观察与评价学生在完成一项学习任务表现出的态度、知识和技能等方面的成就。美术有多种学习方式和各种呈现学习成果的表现形式,评价时除了展示学生的绘画作品外,也可以展示学生在艺术学习过程中调研的资料、收集的创作素材、艺术小课题的研究方案、自主课堂的精彩表现等多种学习成果,甚至展示以学生"学习档案袋"形式呈现的研究或创作的过程,以全面反映学生的学习状况。评价者应当具备多元的价值取向,在学生评价过程中充分重视学生发展的多方面要素,不仅仅局限于单一的价值取向。使用质性与量化评价相结合的方式不失为一种有效的教学评价方式。例如尝试在教学中运用档案袋评价和苏格拉底研讨评价以及量化的指标评价相结合的多元方法,就既能够从根本上促进学生的全面发展,又能使评价更具合理性,更好地体现评价的激励和改进功能。

一、着眼于学生发展的档案袋评价

(一) 艺术学习档案袋

档案袋的英文是"portfolio",有代表作选集的意思,原先是被画家和摄影家广泛使用。这样的做法在教育领域被广泛地运用于学生评价领域,美国西北评价联合会(Northwest Evaluation Association)的教育工作者对档案袋所下定义为:"档案袋是对学生作品(作业)的一种有目的的搜集,这些作品要能够展示学生在一个或多个领域中付出的努力、取得的进步或成就。收集过程必须包括学生在内容选择、挑选准则的确定等方面的积极参与;档案袋中还要包括判断价值的准则和学生自我反思的证据。"[①]

《普通高中美术课程标准》中的"成长记录评定"一般也称作"档案袋评定",是由"portfolio assessment"翻译而来的,就是系统收集学生学习过程各个阶段的作品、作业,即将能够反映其学习情况的所有材料汇集于个人档案袋之中,目的是为了让学生能看到自己的学习和进步状况,其中又可分为"过程型档案袋"和"成就型档案袋"两类。

1. 档案袋的评价步骤

(1) 前期准备、奠定基础

在人文关怀美术校本课程中实施质性学生评价需要教师进行先行的研究和设计,质性评价的设计不能像量化评价那样确定和固定,质性学生评价的实际是要根据研究的具体情况做出相应的调整和修改,因此质性学生评价的设计应该渗透于整个评价过程之中。所以

---

① 雷彦兴.电子档案袋的开发——为表现性评定插上技术的翅膀[J].外国中小学教育,2003(4):10-15.

档案袋学生评价应当与美术课程目标、教学内容的设计过程相互交融、渗透,而不是孤立于教学过程之外。此外,还要做好相关心理、物质准备,包括以下几个方面:首先,美术教师在进行设计时应当保持开放、灵活的心态,确保对所有学生一视同仁。第二,确立学生与教师共同主体的心理地位,让学生对档案袋评价产生兴趣并引起重视。第三,教师在开展评价前,还可以通过一些前测了解评价能否在更有利的条件下展开或使评价尽可能地扬长避短,展现学生个性及潜力。例如:在我校开展艺术学习档案袋评价前通过前测(如表4-2)和学生访谈,我了解到部分学生尤其喜欢动漫艺术,所以在档案袋的设计中我特地增加了学习小组的动漫LOGO设计和学生心灵绘本的创作内容,使学生能结合自己的兴趣发挥特长。而当得知学生希望课上有师生角色互换的环节时,我又适时增加了"我的课堂我做主"的美术自主课堂内容,让学生通过小组的合作学习完成一次全班的演讲汇报,这样的前期准备都为之后档案袋评价的顺利开展奠定了良好的基础。

表 4-2

姓名: 日期:
使用成长记录袋之前的调查问卷
1. 你喜欢美术吗?列举感兴趣的美术门类。
2. 美术课堂学习中你希望教师采用何种方式教学?
3. 在美术方面你最擅长(感到最得意的)是什么?
4. 在你美术学习过程中你需要老师提供哪些帮助?

(2) 合作开发、交流共构

艺术档案袋的评价过程是一个师生合作开发、共同建构的过程。教师需要让学生明确档案袋评价是什么、它的重要意义以及它将如何有效地帮助我们进行美术课程的学习。师生可以共同交流研究这些问题:首先什么将进入档案袋,其中包含什么内容,由谁来决定?第二,作品的提交规格,包括:文档、图片、语音等各个方面。第三,档案袋资料的整理归档。对于这些问题教师可先制定方向,再与学生交流和沟通后,做细节的调整和改动,在实际操作的时候也可以有相应的变化。

合作开发的档案袋可以兼具教师的教学风格及学生的个性特点,档案袋的内容可以是侧重展示的,也可以是侧重记录过程的;可以是个人形式的,也可以是小组形式的;可以是多个分类袋的,也可以是一个有内设编号的文件袋;甚至可以采用电子档案袋的形式,例如我校师生合作开发的上理工附中学生艺术档案袋就是一个内设编号的多文件电子档案袋。关于档案袋评价量规的制定我们提倡师生共同建构评价标准的机制,从学生的终身学习的需要出发,结合高中生的年龄和心理特征,从学生发展的实际水平出发,让师生甚至家长共同成为学习评价的主体。

(3) 嵌入教学、循环建构

档案袋评价在实施时教师要将评价嵌入学生的学习之中,通过评价可以较全面地考查学生,还可以使学生从学习的被动接受者转变为主动参与者。从学生的角度来说,档案袋的功能主要表现为"存""反思""交流"——存放自己的作品,对自己的学习过程进行反思,学生之间的互评和交流。

传统美术教学中学生评价的目的就在于甄别学生的优劣和判断学生学习的质量,而档案袋评价不只是一种评价方法,也是一种学习的方法,它使教师和学生针对学习与个人发展进行对话,学生会根据多方提供的信息,了解到自己的不足之处,从而补充新的知识和能力。在不断补充、获取新知识与技能的同时能够更加积极地思考,这有助于他们的可持续发展,也能较全面地、连续地评价学生。教师、学生将评价渗透到教学之中去,学生在建构、完善档案袋的时候记录下整个学习过程,加深学习的印象,也可以为学生的反思、学生的互评提供现实的依据。

在《心灵绘本》的单元教学中我尝试运用"艺术治疗"的观念,结合档案袋评价引导学生开展《心灵绘本》的绘画创作。绘本——英文称 Picture Book,在日本又被称作为"图画书",顾名思义就是"画出来的书",即指一类以绘画为主,兼附有少量文字的书籍。从小在单亲家庭背景中长大的小乔同学因为长久缺失父爱,性格表现自闭孤僻,我希望可以借助绘本创作帮助解决其心理问题,让他学会面对自己的内心,反观内在的声音。小乔档案袋中的绘本作业成为他内心真实情感的投射,因为绘画作品的物理性质如线条、颜色或形状提供了学生在创作中思考想象过程的持续记录,相比较与教师的口头对话的短暂性特点,绘本作品的永久性特点能更有效地帮助教师判断实验对象在治疗过程中的变化,所以保证自由、真实的、持续的绘本创作是美术治疗的关键。我鼓励小乔每天都要坚持"用绘画的方式记日记"。在绘本创作的初级阶段,小乔的性格弱点使他很难全身心投入到绘画创作中,他最初的画面线条混乱、图形支离破碎,故事缺乏连贯性,似乎小乔只是通过绘本来敷衍我,自闭、多疑的性格使他并不太信任我,所以他选择了回避真实的创作,心灵绘本作业只是他用于敷衍我的一种形式。陷入困境的我开始反思自己的教学行为:我明确的目的性显然引起了小乔的反感,他刻意为自己搭建了一道保护屏障,抵御我的进入,如何打破僵局,让他卸下包袱,能毫无顾忌地大胆作画成了我教学的重点。

之后的日子,我努力创设与小乔轻松、愉悦、平等的交流氛围,我们聊他喜欢的话题,如喜欢的球队球星(他是典型的小球迷),聊他喜爱的漫画家和漫画作品。经过一段时期的观察和深入接触,我发现小乔非常喜欢漫画家慕容引刀创作的"刀刀狗"形象,我认为这个发现是治疗转机的关键所在。"你很喜欢刀刀狗吧?老师也喜欢,我总觉得刀刀狗能代表我的某些真实想法。"我望着他。"是么?老师真的也喜欢刀刀狗么?"他惊喜地问我,眼中出现了一抹亮色。"你具备一定的绘画基础,既然那么喜欢刀刀狗,为什么不尝试自己创作些刀刀狗的故事呢?"我微笑着鼓励他,因为我知道绘画作品的物理性质,如使用的线条、颜色和形状提供了学生在创作中想象过程的记录,所以绘本创作能成为学生的心理投射,我相信只要适时引导小乔借助刀刀狗形象开展《心灵绘本》的绘画实践,让他学会面对自己的内心,反观内在的声音,就可以借助心灵绘本帮助解决其心理问题。渐渐地,我发现小乔在他的绘画中能经常运用象征、替代的方法借助刀刀狗这个形象来表达自己的某些想法和感受(如图4-1)。

图 4-1 小乔《心灵绘本》选页

在美术治疗中,实验对象为了表达或唤起某种情绪或感受,经常用隐喻的方式绘画[①]。一旦将刀刀狗的故事和自己的故事建立起了联系,这就为小乔的绘本创作开启了一种可能性,他能通过绘画来表达自己的感受了,最初他只是尝试着这样做,但随着档案袋中绘本创作的持续开展,我清楚地看到了一种变化的过程,刀刀狗在变,小乔自身也在改变。当我和小乔交流起他的这些作品时地发现小乔的绘画自信与日剧增,他敢于用绘画来表现那些难以用语言描述的感受,过去那些难以承受和表达的感觉不再完全冻结在他的内心了,它们通过绘画被释放了出来。隐喻、象征性绘本创作手段的运用为小乔的自我解读和情绪表达提供了基础,如图4-2。

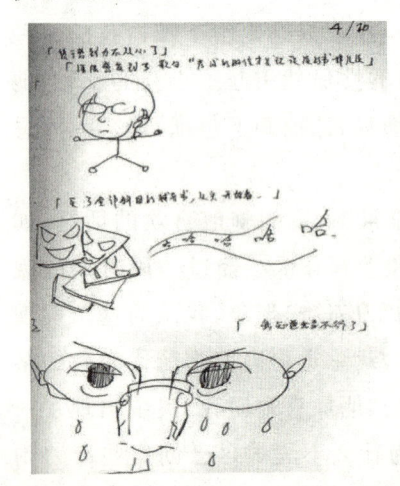

图 4-2 小乔《心灵绘本》选页

[①] EDWARDS D.美术治疗[M].缪青,译.北京:中国轻工业出版社,2010:88.

第四章 人文关怀美术校本课程的教学评价——以教材中"美术与心灵"主题为例

　　考试前的焦虑、假期里的无聊,羽毛球队落选的沮丧……慢慢地越来越多的绘画主题出现在他的档案袋中,绘画主题包括了他被拒绝后的落寞、独处的孤独、面对压力的无助。重要的是小乔在绘画中真实地反映出了他的内心情感,这对于他而言是个巨大的跨越。在绘画作品中小乔终于敢于表达长久以来压抑着的感受,他学会正视自己的内心需要,开始面对自己的人生,如图 4-3。

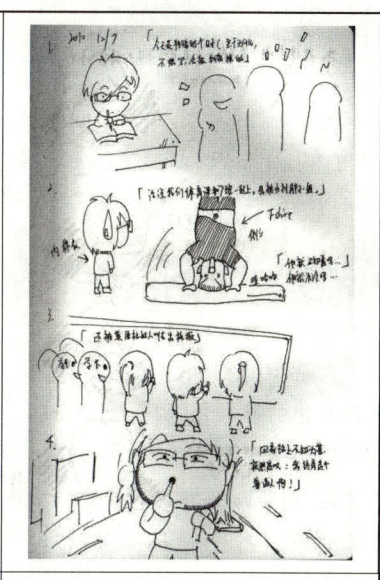

过去的好时光总是让人无比怀念,我的第一个 GBA,曾经的少年宫,我儿时的好朋友,那已被卖了的自行车,还有那一去不复返的孩提时光……	我原来初中的朋友很多很多,但进入高中后,我的朋友逐渐少了,下课没人搭话,放学独自回家,每天晚睡早起,严重睡眠不足,我好怀念初中的那些日子啊!	今天是个特殊的日子(我生日呢),体育课上遇到了那个爱显摆的"小胖",哈哈,他又出丑了还不知道。中午我又被英语社的同学叫去出板报,口口声声叫着"学长,学长",我就不好意思了,回家路上我就想,今天真是忙碌而有意思的一天啊!

79

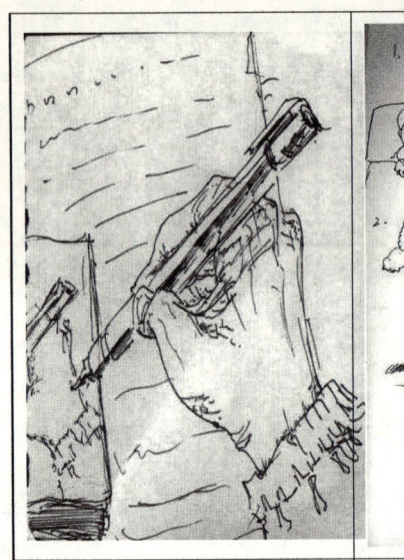

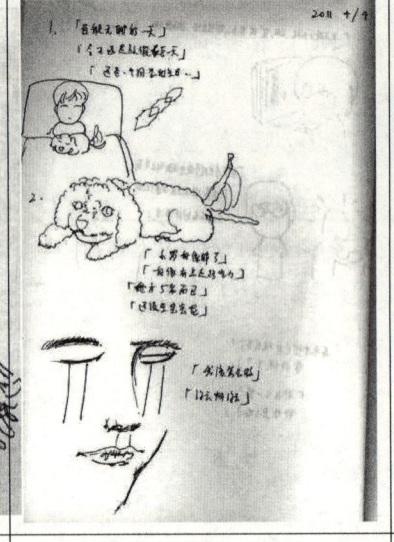

今天是"我手画我心"绘本创作开张的第一天,从今天起我会用画笔记录下我的心情,老师说"用绘画的方式记日记",我的第一本绘画日记,值得纪念!	今天是放假前的最后一天,有些百无聊赖,看看身边长胖了的小狗小罗,想象着开学后的日子,不觉心中愁绪万千……	今天是我们校羽毛球队参加区域校际联赛的关键一场,我掐准时间赶到集合地点,我是唯一的高一学弟呢,"怎么一个人都没呢?"只身前往参赛地点后才发现大家都早到了,我太紧张了听错集合地点了,呵呵!

图 4-3 小乔档案袋中的心灵绘本选页

久而久之,小乔将绘本视为了最好的朋友,他的真情实感在绘本中一览无余。我发现原来隐藏于表象下的心情秘密,透过绘本这一载体可以如此直接、生动地被大家所了解,他的作品让我震惊,他竟能运用如此生动形象的美术语言来表达自己的复杂心情:放假结束开学前的焦虑,同学不搭理的落寞,对童年时光的美好回忆……原来我们平时接触的只是小乔为自己戴上面具后的表象,唯有绘本才让我们接触到真正的他,洞悉他如此丰富敏感而又脆弱的内心。绘本创作使小乔重拾自信,每次绘画后我都及时与他沟通交流了解他的绘画感受,他多次向我表示绘画后就有种"如释重负""高兴满足""心情舒畅"的感觉,这说明在自由轻松氛围下完成的绘本创作的确能有效地帮助他释放压力,舒缓消极情绪,促进心理健康。于是,我试着通过建构、展示档案袋的方式创造机会让他获得同学、家长的理解,在学期末的绘本作业展示环节,我鼓励小乔向全班同学展示自己绘本作业,向大家讲述自己的心情故事,同学们都深受感染。我还积极邀请小乔的母亲以写评语的方式,参与到档案袋评价中来,希望家长通过档案袋这个窗口更全面地了解自己的孩子。小乔的母亲在看了他的绘本作业后很受触动写下了这样一段话:"一直以来妈妈因为种种原因太过主观独断,甚至于忽略了你的感受,希望今后我们都能坦诚相待,让妈妈成为你最值得信赖的朋友好吗?"通过一段时间的努力,小乔的脸上渐渐露出了罕见的笑容,他变得开朗乐观且容易相处了。最为关键的是绘本不光是他"情绪的垃圾桶",并成为教师、学生重新了解他的窗口,大家纷纷通过留言等反馈方式与之形成有效沟通,心灵绘本已成为他与同学、师长沟通的最佳桥梁。我们开始慢慢走近这个内向男孩,班会上面向全班同学做的绘本交流更让大家了解到一个全新的小乔,是绘本创作帮助其更好地成长。

　　表达作者的情感是美术的本质属性和重要价值之一,学生创作的作品以及关于作品的一些联想对于维持他们的内在世界与外在世界的平衡有很大作用[①]。小乔档案袋中的绘本作品真实记录了他通过绘本创作得以转变的过程,而大家对其作品的赞赏及肯定更让他对自己充满信心。对于爱好绘画的小乔而言我希望能通过档案袋评价激发他对美术本体语言学习的兴趣,这也是笔者所提倡的"以情优教"即"以情带技、以情促知"教学方法的运用。"以情优教"的教学方法首先通过绘本创作捕捉小乔的真情实感,刺激他的创造欲望,继而让他了解学习绘本创作的技能技法。这就涉及美术本体语言的系统学习,如绘本的构图安排、角色设计、上色技巧、绘本文字的书写,等等。小乔在迫切希望表达自己想法的心理驱动下,会为了追求更好的画面表达而努力探索、钻研绘画技法,甚至会创造性地运用一切手段服务于绘本创作。这探索研究的过程也就是"以情促知、以情带技"的过程,正是在这不断的创作过程中小乔积累了许多绘画技巧,继而使绘本作品更完整、生动、传神。2010年和2011年小乔有幸代表学校参加了上海市学生动漫画大赛,他创作的绘本作品两次获得金奖,2011年他以上海赛区第一名的成绩参加了在北京举行的第4届全国优秀艺术特长生的选拔并最终获得了好成绩。

图4-4　《自画像》

　　学习后期小乔创作了这幅《自画像》,如图4-4。这幅作品对于小乔意义非同寻常,作品中带有很多个人化的象征性意义。首先,它代表了小乔在历经绘本创作美术治疗后的蜕变,从假面隐身的自己逐渐转变为阳光快乐的自己。右脸上那道长长的拉链疤痕是小乔和过去

---

① 钱初熹.将创痛的经历转化为深刻的美术学习[J].中国美术教育,2006(4):13-18.

自己诀别的象征,从前既害怕被关注又渴望被重视的矛盾在戴着假面的日子里倍受煎熬,希望过去自己的那个假面像拉链解开衣服般揭去……档案袋评价使小齐实现了人生的一次重要蜕变,在帮助其更好地成长的同时也成为他人生中一笔宝贵的财富。

档案袋的评价过程是一个不断进行、螺旋上升的良性循环过程。在档案袋的使用过程中不可避免地会发现学生的各种问题,凭借师生、家长的共同努力,帮助学生解决问题的过程就是使其自我完善、获得提高的过程。学生也就是在这样一个不断学习思考、反思评价的实践过程中不断进步。从这一层意义而言,评价活动本身就是一种学习和研讨的过程,其意义不仅仅是为了评价,而是为了学生的更好发展。档案袋的评价方式将引导学生关爱自己、关爱生活、关爱他人,本案例中学生小乔通过绘本创作学习使学生具务了应对逆境的心理弹性,积极面对学习生活中可能出现的各类问题。教师作为学生绘本的重要读者,在解读学生绘本时关注的不是对画面给出审美性或诊断性的评估,即不能单纯以美术标准对作品进行衡量,更为重要的是学生心灵上的引领和人格上的点化,让学生通过绘本创作的过程实现其自身的改变和成长。

2. 过程型档案袋

过程型档案袋能反映学生在各个阶段学习的全过程,对学生每一学习阶段的成果进行积累,更为重要的是学生成为他们自己成果和进步的积极评定者。

【案例】

上理工附中艺术学习档案袋(如图 4-6)

入档材料:

a. 学习小组资料(小组简介和美术作业、研习记录、构想草图、设计方案等);

b. 个人材料(个人爱好、收藏、相关美术信息及表现特长的作品等);

c. 教学成果材料(课堂作品、成果汇报资料、自我评价及同学、师长的评价等)。学生根据个人喜好、学习进度、作品层次等方式进行资料的整理并将过程加以记录,档案袋有统一的评价标准帮助学生明确要求。

注意事项:

a. 档案袋平时由学生自己妥善保管,期末统一上交教师进行资料归档;

b. 对于收入档案袋中的多媒体电子作品,教师可利用电脑、照相机等辅助工具帮助收集。

包装材料:

a. 外包装,透明档案袋为保护资料的完整性(较大作品可以通过编号整理用夹子统一收集);

b. 文件袋,透明塑料文件袋,一般把文件袋置入透明外包装中,并进行编号,组成一个完整的档案组群;

c. 自制标签,学生可根据个人喜好,绘制代表自己身份和个性的小标签,并在标签上详细注明姓名、班级、所在小组、建档日期等。

d. 评价表：这是档案袋中较为关键的资料，学生或教师可根据实际需要，进行仔细分类和编号，对于今后回顾和期末综合评定具有重要参考价值。

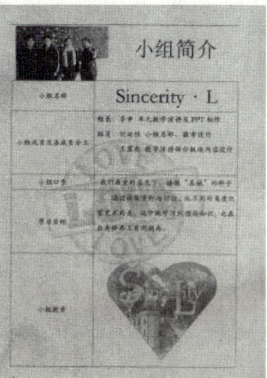

图4-6　上理工附中艺术学习档案袋

在过程性档案袋中，学生存放的最多的不外乎是他们所创作的绘本作品，除了自由创作的绘本作品外,档案袋中还包括一些规定主题的绘本成果。例如在一次关于环保主题的绘本创作中,我告诉学生目前我国由于现代化工业的迅猛发展所导致的生态环境遭受破坏的现状正日益突出。我鼓励学生结合生活环境(雾霾、大气污染、能源利用、垃圾分类)等问题观察反思,关心目前及未来可能发生的一系列环境问题,主动献计献策,并将其融入绘本的创作中,让学生通过绘本创作激发环境保护意识,并肩负起维护环境质量及生态稳定的责任。

学生的档案袋中不仅呈现了基于主题的创作,更完整记录了他们创作的构思和意图。绘本的创作内容不再局限于教室中,从校园到居住小区,延伸至每一个实际的场域中。学生们主动与社区成员建立合作伙伴关系,主动发现、主动学习,通过一系列与环境直接相关的活动诸如"环境清扫一日行""低碳出行""关灯1小时"等社区活动的开展,体会环保的意义所在。过程性档案袋真实记录下他们参与活动后的绘画创作感受。绘本创作帮助学生将主题内涵转化为艺术表现形式,传达自己的想法。在档案袋中学生小王最先完成的绘本作品题为《再见蓝天》,画面前景是被严重污染的城市,直入云霄的工厂烟囱正不间断地排放着废气,黑白素描显现下的城市灰暗且毫无生气,画面中央被鸽子衔住撕开的一角隐隐透出湛蓝的天和远方的朵朵白云,曾经的美好景象仿佛近在咫尺,颇具形式感的画面因其黑白、彩色的鲜明对比而带给人强烈的视觉冲击感,发人深省,耐人寻味(图4-7)。在对自己的创作意图进行阐述时,小王字里行间都流露出她对目前环境的深深担忧,"曾几何时我清晨推开窗,站在阳台上眺望远处,蓝天白云就映入眼帘。如今,随着雾霾的日趋严重,蓝天白云仿佛被笼罩上了一层灰色,出门也总被妈妈提醒要戴上口罩,我觉得其实城市的空气质量是关乎民生的大计,我们与其整日抱怨,要求政府采取措施,不如增强自身的环保意识,在画面中我之所以运用如此强烈的色彩对比效果,就是试图唤醒大家,希望每个市民都能从我做起,拒绝污染,我们终将通过共同努力撕去眼前的这片灰暗,找回蓝天。"在随后的作品交流展示评价环节,同学们纷纷为小王的创意鼓掌,大家认为《再见蓝天》是一幅极具想法的作品,尽管作品描绘的污染场景略显夸张,但的确给观画者留下了深刻的印象,警醒人们关注环保主题。这样的绘画作品的力度比之传统的环保宣传更能触动人心。也有同学提出小王创作的环保主题的作品能否不仅仅只是停留于问题导致严重后果的描绘上,既然提出了问题,那能否在后续的作品创作中试着通过绘画创作的方式表达如何解决这些问题呢。

图4-7 《再见蓝天》　　图4-8 《再生能源厂》　　图4-9 《低碳出行》

在第二阶段的创作中,小王接受了大家的建议,不久后创作了第二幅作品《再生能源厂》(图4-8),在这次的作品里,小王设计了一个巧妙的再生能源工厂用来分解处理生活垃圾和废旧物,画面视觉的重心小王用了暖色彩铅描绘出一个偌大的蒙古包外形的再生能源工厂,工厂内外连接的粗大管道和不同的隔离室内正热火朝天地运作中,各种生活垃圾、废旧物品通过能源加工厂被循环利用、变废为宝。工厂内的仪器帮助各类有机物分解代谢,形成沼气,而加工后直接形成的沼气被源源不断地注入沼气充气站,方便人们的使用。小王在作品的创作构思中写道:"其实,我所居住的小区早就实行了垃圾分类,但是我留意观察了小区居民在倾倒各类生活垃圾的时候却很少严格遵守'可回收物''有害垃圾''其他垃圾'这样的三种分类方式进行正确处理,究其原因是因为他们认为垃圾分类太麻烦,图省事。隔壁张奶奶还认为自己年纪大了,眼花耳聋,要是每天都这样将垃圾整理成三类,会给她的生活带来诸多不便而拒绝垃圾分类处理。于是我便想,其实日常生活中产生的各类垃圾,通过垃圾分类处理后还有大部分垃圾要靠回收站运去填埋处理,日积月累,这部分垃圾一样会给地球环境造成污染并形成浪费。我在作品中设计的再生能源处理厂就是解决这一困境的,那些有机垃圾经过高科技技术处理后能及时形成沼气方便人们使用,这样的能源再生厂在节约能源的同时又美化了环境,何乐而不为呢?"在这次的班级作品交流会上,大家都觉得相比第一次的"揭示问题",这次小王的创作明显转变为"解决问题"了,虽然作品创意很新,再生能源的环保理念也很突出,但在付诸实践上可能还存在距离,作品更倾向于科幻画类型,故同学们又提出了新的要求:能否结合自身,尝试做一些力所能及的改变,借以作品宣传表达自己的环保意识?

不久小王同学参加了社区组织的"低碳出行"活动,活动结束回到家中联想到同学们对作品提出的修改意见,小王颇受启发:是啊,我要通过绘本作业记录下这次低碳出行活动的过程。他要用自己的实际行动告诉大家绿色交通,环保你我,只要坚持低碳生活最终受益的必是人类自己,于是他创作了作品《低碳出行》(图4-9)。在第一份草图中小王只画了骑着自行车上学的自己,并在画面醒目处描绘了环保标语,他征求我对画作的意见。我在和他充分沟通并了解了他的作画意图后给予了一些指导意见,我对小王说:"你所创作的《低碳出行》从某种意义上而言,还兼具宣传画的功能,所以作品所表现的主题必须明确且鲜明,让人一目了然,而如果仅仅只是在画面中表现一个骑车上学的少年且标语字体不够清晰突出的话显然无法让人明白你的创作意图。所以建议可以运用多画面并置出现的方法,通过一些具有强烈对比效果的画面来凸显效果。"在听取了我的建议后小王及时调整了作品,增加了马路拥堵和私家车接送的画面形成对比。在最后的作品画面中我们看到小王运用叠加镜头的方式精心描绘了三个场景,场景一:早高峰时段拥堵的马路上,各种车辆穿流不息。场景二:小王骑着自行车在上学的路上,无意回头瞥见了路旁的环保标语"环保你我,绿色出行"。场景三:早上接送孩子上学的私家车被标上了大红的禁令。很显然,小王通过自己骑车上学的实际行动向同学们宣传"绿色出行"的环保理念。同学们纷纷表示小王这一阶段创作的作业最具说服力,也更具感染力,打动了大家。正如小温同学对他的评价:也许小王的绘画技法不是最娴熟精湛的,也许他的作品也不完美,但我却被深深打动了,翻看他的档案袋,感受着他一次次完善修改画作的过程,最重要的是他对于作品创作的构思及想法都让我们了解到画作背后他对于环保的坚定决心和对地球未来的纯真心愿。我想大家和我一样都在这一系列作品中看到了他对于环保的一份责任感,也正是这份责任感使作品的意义得到了升华。

小王过程型档案袋中对于其创作"环保主题"各阶段作品及创作构思的整理收集反映了他绘本创作学习的完整过程,在老师和同学们的指导帮助下,对于其每一阶段的作品都有明确的针对性的评价,使小王对作品如何进一步完善调整了然于胸。所以他的创作是个不断提高和完善的过程,回顾每一学习阶段的成果积累,也使他更为清楚地反思总结创作中的得失,为今后的绘本创作奠定了扎实的基础,通过档案袋小王见证了自己的绘画成果并成为自身进步的积极评定者。当然,由于艺术档案袋中收集的内容素材多且庞杂,教师要培养学生养成定时定期整理和维护的良好习惯,及时对档案袋中的各项资料分门别类、整理归档并仔细做好相应的标签,如小王关于环保主题的三阶段的作品创作就黏贴上"绘本作品"的标签,既方便今后的资料找寻,也为继续扩充素材做好准备。对于艺术学习档案袋的评定标准,教师也要事先让学生有所明确,这样在整个学期的资料搜集和整理的过程中学生便会根据要求有的放矢地开展学习了。我校艺术档案袋的评定一般根据以下几个维度:a.系统规划既定目标;b.制作档案袋的态度;c.作品主题、作品理念、作品质量;d.小组合作学习及分工情况;e.美术学科素养的提高;f.表达能力的提高。当然,除了上述档案袋的材料以外,还可以附上系列的评价表、反思表,以及相关的录像、摄影等(如图4-10)。

学习评价

小组互评

	评分标准(总分100分)	分数
课前准备 (32分)	课前准备充分,PPT课件、教具等准备妥当(8分)	
	设计思路正确,能正确分析课题和掌握学生特点(12分)	
	对于重点难点的把握正确(12分)	
教学过程 (48分)	上课语言表达是否规范、讲解是否准确到位(8分)	
	课堂控制到位(5分)	
	打开学生思路、想象的行为,让学生知道与生活、文化的关系(10分)	
	有引导学生思辨的问题,师生互动各种活动,能突出重点(15分)	
	布置的作业要求与教学目标一致,具体、确切、难易得当、有个性创造的空间(10分)	
课后效果 (20分)	学生的反馈是否良好(10分)	
	有没有完成预期的教学计划(10分)	

个人自评

选择内容以(√)表示

是否能够掌握知识点	能够全部掌握	能够掌握部分	一知半解	完全没有听懂
这节课是否有新意	非常有新意	有新意	一般	没有新意
这节课的课程安排是否合理	非常合理	合理	一般	不合理
这节课是否吸引你	非常吸引	吸引	一般	不吸引
对这节课的总体评价	很好	还可以	一般	不好

绘画作品评价表

班级		姓名	
项目内容	分值		评价
构图	15		
造型	20		
色彩	20		
肌理	20		
情感	25		

评价人：

学习体会表

_____年级_____班 姓名_____

同学们，在完成了本学期美术校本课程内容的学习后，你对自己喜爱的绘画作品的艺术特色有了进一步的了解了么？你更喜欢三大人文领域哪一个主题版块的学习内容呢，为什么？请试着将你的想法写下来！

同学们，通过一学期的学习你学到了什么？请为自己进行评分！

项目	很好	好	较好	有待加强	尚需努力
学会艺术作品赏析的基本方法					
学会研究艺术家的个性化的方案					
学会分析并临摹艺术家的作品					
能借鉴艺术家的风格进行创作					
创作作品具有一定思想内涵					
能通过合作学习的方式自主开展探究活动					
作品创作能基于一定的人文主题					

图 4-10 档案袋中的各种评价表

3. 成就型档案袋

"成就型档案袋"一般是针对某一研究课题或专题性学习任务而建立的档案袋。根据研究学习任务，建立档案袋各子项目并明确相关要求，如表 4-2 所示。

表 4-2 上理工附中学生"学习成就型档案袋"的基本材料

项目	引导语	说　明	备　注
主题和计划	我们的研究主题	由教师和学生讨论确定研究主题	具有适切性，可能会随研究的深入而调整
		可根据研究需要成立学生合作小组	
	我们的研究计划	问题提出、研究目的、研究方法、研究对象、日程计划	
收集资料	我们收集的资料	资料可来自图书馆、网络、调查、采访等	随着研究的深入，这些环节常常会有多次反复，甚至产生生成性目标
		文字、图片、照片、数据、实物、录音、录像等资料（要记下出处）	
	我们的研究过程	日记；讨论或会议记录；过程性作品；对资料的筛选与分析	
研究方案	我们的创意和方案	问题的陈述和分析；提出假设或解决方案；草图；所需材料和工具	
研究制作	我们的策略与方法	研究工具（如相关调查问卷表）；访谈或调查活动的记录等	
	我们的研究和制作	分析资料，证明论点；撰写小课题报告，制作 PPT 等	

（续表）

项目	引导语	说　　明	备　注
评价	自评	对研究过程或结果学会反思，或对照目标做检验	对原方案不断修改或调整
	互评	同学的建议、教师的批语、家长（或其他人员）的评价等	
成果分享	成果展示交流	**文字类**：发表小论文、研究报告、研究体会等的报告会	学会发表、交流和分享
		作品实物类：展示作品、照片、实物、模型等的展览会	
		表演类：可通过小品演出或专题文艺汇演等丰富多样的艺术形式加以呈现	
		电子类：成果可制作成音像制品、多媒体产品等形式并通过网站、学习论坛等平台进行发布，促进交流	

　　成就型档案袋因为明确了学生学习的任务和目标后学习内容变得更有深度，同时增强学生的学习动机和兴趣，学生的学习变成一个主动学习、系列学习的过程。一个学期或一个学年的时间里学生可以成就一个过程型档案袋，其中包含几个成就型档案袋，作为学习各个阶段的划分，如图4-11。

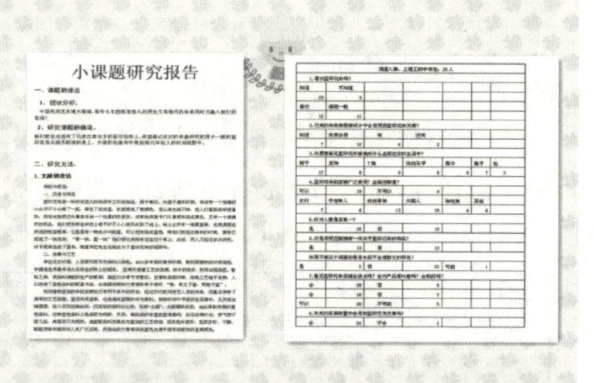

图4-11　成就型档案袋

　　在《绘本是什么——走进几米》课时中，学生的合作小组选择了他们所喜欢的台湾漫画家几米的绘本作品作为研究的课题。小组成员在确定了研究的主题后，制订了详尽的课题研究计划，对几米的作品进行研究，编撰了几米绘本艺术的研究报告，并针对这一学习任务制作了成就型的档案袋,图4-12。

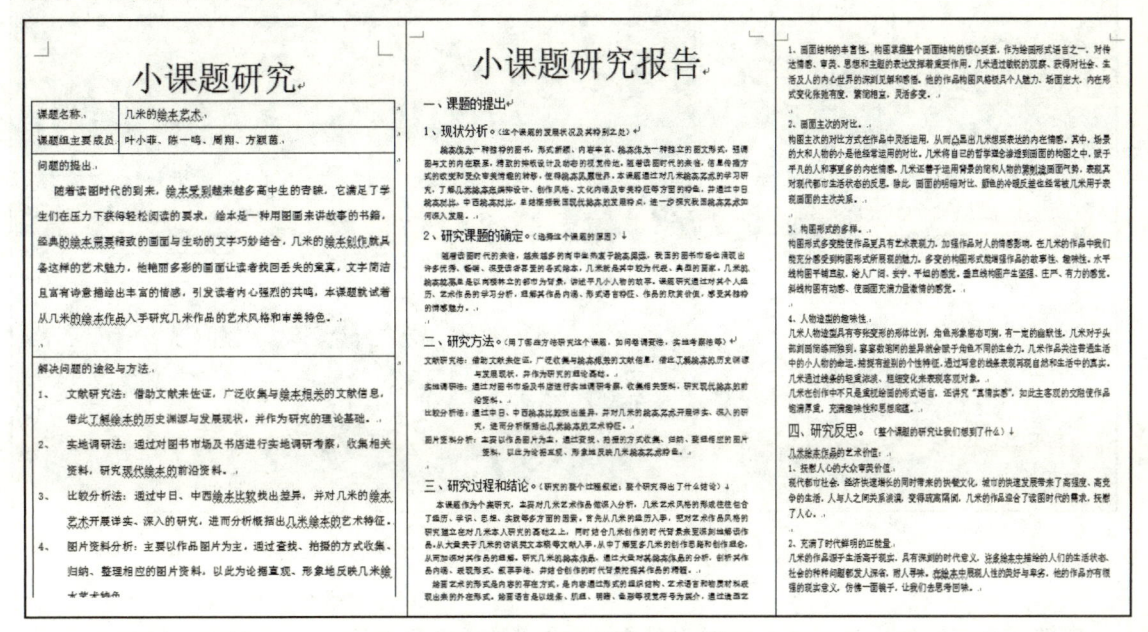

图4-12 成就型的档案袋中的小课题研究

在资料的收集过程中,同学们通过图书馆和网络、学生调查采访等方式,积累了大量的文字、图片、照片、实物、录音、录像等关于几米及其作品的资料,在之后的小组会议讨论中,大家对于收集整理的素材资料进行了筛选和分析,依据访谈和调查活动的记录制作了关于几米学习的汇报PPT,并撰写了鉴赏报告,分享给全班同学。

在学生自主课堂关于几米绘本艺术的成果展示交流会上,小李小组的同学们和大家分享了他们的研究成果。伴随着大量几米的绘本作品的呈现,小李细致地向大家解读了几米绘本的画面特征:线条、色彩和构图。对于线条的研究,小李介绍说他们小组成员对几米绘本作品和法国绘本作家桑贝做过仔细的比较,他们认为几米的绘画线条可能受到桑贝的影响(小组成员小张在一旁补充说因为他有一本桑贝的绘本作品《一点巴黎》),所以感觉两人的风格十分相似,因两者都十分擅长运用简练概括略带童稚的线条去勾勒表现人物,图4-13。)

接着,小李继续向大家介绍着研究学习的过程,之后为了验证小张的推测,大家特地找来了相关资料了解几米绘本风格的形成过程,并通过对几米的人物专访报道深入了解,原来几米的确曾将桑贝奉为艺术上的引路人,他在欣赏过桑贝的作品后非常喜欢,赞赏不已,评价说:"不用阅读文字,就能产生极大的满足感。"几米认真研究了桑贝作品中的每一笔线条和每一个人物表情。小李说:"经过这一段小插曲的了解,我逐渐认识到原来大师的出现并不是一蹴而就的,几米也经历了长期的临摹借鉴学习阶段,他是在学习他人的基础上不断总结,大量练习实践并最终形成了今天我们眼中的绘本大师的独特风格,可见对于艺术的学习而言,临摹借鉴是十分必要的。"这时一旁的成员小胡向大家展示了几米的绘本作品《森林里

图 4-13 桑贝、几米的绘本作品比较

的秘密》,小李继续讲解着:"在这本作品中,几米用简单童稚的线条去表现主人翁的心情,运用动物来诠释一种童真和童趣,他还常在绘本中用一排排的线条来表现树的姿态,营造一种静谧的氛围。顺着他手指的方向,同学们感受到几米运用了较为细密的画法,给人带来一种莫名的伤感。大家纷纷议论起来,交流着观画的感受。小李看着热烈讨论中的同学们说:其实除了线条、色彩和构图上的特色也是几米绘画的另两大亮点。因为从画面的色彩上来看,几米绘本的色彩倾向于鲜亮唯美,他十分善于利用对比色来和谐画面,也喜欢用冷色调来营造各种气氛,几米绘画多使用水彩,水彩颜料的特性使画面呈现一种空灵飘逸的感觉,而一旦和钢笔黑线的细密勾画结合在一起,画面虚实相生的效果就能激发读者的想象力,丰富的细节描画也使他的作品更有感染力。小胡向同学们展示了绘本作品《微笑的鱼》,作品基本是蓝色调,几米使用紫、蓝、草绿最多,多种形式的鱼缸出现在每个画面,他用轻盈奔放的线条,用力勾勒、大量渲染,让色彩在画面上随意流动,营造出画面的美感。从几米的构图特色来看,构图丰富且善于变化,构图主次的对比在画面中都能得到很好地体现,凸显了画家意欲表现的丰富内心情感。在作品《向左走、向右走》中对于"大"场景与"小"人物的对比恰到好处地表现出在偌大城市中为生活疲于奔命的人们,借以凸显小人物的孤独心境。小李说几米绘本有独特的艺术魅力,喜欢他简单的线条,喜欢他丰富的色彩,更喜欢他富于变化的构图,几米的绘本中总有一个你心中的故事,他用画笔勾勒出一个温暖的世界。

另一小组成员小叶更是和大家分享了她在档案袋中记录下的学习几米绘本艺术的心情故事。小叶说:"开始喜欢几米,只是源于他的绘本作品《微笑的鱼》,感觉几米的作品有种温暖人心的力量,而在之后了解了他的人生经历后,我对他的喜欢增添了崇敬的成分。原来大学毕业后几米的工作并不顺利,他曾于一家广告公司任职,因始终得不到重用愤而辞职,无业在家的他开始了职业绘本的创作之路。就在他将绘本创作作为谋生手段之时,命运却跟他开了个天大的玩笑。1995年几米被确诊患上了血癌,他悲痛欲绝,治疗期间被化疗折磨得不成人形,几米却仍然坚强地和病魔斗争。面对不幸,他依然笑对人生,因为他始终坚信'所有的悲伤,总会留下一丝欢乐的线索。所有的遗憾,总会留下一处完美的角落'。正是凭借着这种豁达顽强、积极乐观的精神支撑,几米奇迹般战胜了癌魔。几米的这段经历改变了他对人生、生活和生命的感悟,也形成了他谦和包容的朴素世界观。在之后大量的绘本创作中,我们都能从他的作品中感受到这种温暖人心的力量,我觉得这也是几米相比其他的绘本画家更吸引我的原因,而几米在绘本中所传达的朴素简单的哲学观也深深地影响了我。"小叶将对几米的喜爱融入自己的绘本创作中,她借鉴模仿几米的绘画风格,尝试通过简洁概括的线条去表现勾勒人物的心情,她也试着学用较为细密的画法来表现背景,用于营造静谧的氛围,最为重要的是几米用心勾勒出的世界很温暖,很励志,让我们通过绘本的阅读细细品味人生的意义,而这种绘本传递的精神更可以抚慰人的心灵,带给人安慰。几米的绘本精神深深影响并感染着小叶,在她之后自己的绘本创作中,我们能感受到一个阳光女孩积极乐观的生活态度,就如小叶在绘本扉页上记下的法国作家萨克雷的名言:"生活是一面镜子,你对它笑,它就对你笑;你对它哭,它也对你哭。"

图 4-14 学生的课堂介绍

还有的小组组员在看过几米的绘本作品《向左走、向右走》后颇受启发,感受到平凡小人物的真挚情感,表演了小品《我的爷爷和奶奶》并配画了宣传图《我的爷爷奶奶》,画面中的人物形象一如几米的绘本风格,造型简练、概括,表情生动传神,戴着老花镜的爷爷奶奶咧着已掉落牙的嘴仍开心地笑着,被夸张拉长了的手部则紧紧相牵,寓意着爷爷奶奶携手走过的幸福人生。学生通过小品演出展现了一对平凡老人相濡以沫的深厚感情,没有爱情小说中的轰轰烈烈,就是最普通的日常生活、饮食起居中的互相照顾、相依相伴,爷爷奶奶一路走到了今天,可能就是源于平淡生活中的点滴感动才更显珍贵,小品传递着互敬互爱、平平淡淡才是真的朴素情感哲理。学生以各种丰富多样的艺术形式呈现出他们对几米绘本艺术的喜爱和理解(图 4-15)。

图4-15　学生课堂介绍、表演几米的绘本作品

（二）运用档案袋评价的反思

运用档案袋的评价方式在教学中可以全面客观地记录、衡量、评价学生在每个艺术主题性活动中的表现，并通过多样化丰富的学习内容去评估考量学生在整个过程中的表现和发生的变化，的确能起到意想不到的效果。但我们也要避免滥用档案袋评价，如果不根据实际需要分析设计、规划使用，不仅无法促进预计的教学目标的达成，反而会因为使用不当而加重学生们的负担。在实践中，有的学校和教师对档案袋评价缺乏明确的规划和设计，没有明确的使用目的和评价目标，使档案记录袋演变成为一个无所不装的大口袋，这样难以清晰地反映学生一段时期内在某一领域成长的轨迹和发生的变化。

第二，学生作品的收集应当是有目的的，而不应是随意的。成长记录袋不是一般意义上的文件夹、整理袋，其中的材料应依据特定目的收集。如果创建成长记录袋的目的是为了描述学生在某一时期内学习与发展的过程，发现其优势和不足，那么收集的内容就不仅包括学生的最终作品，还要把过程性的东西也装进去；而如果创建成长记录袋的目的是为了评估学生学习与发展的水平，那么收集的内容就要结构化或半结构化，也就是说其中有些东西是统一要求的，以便于在不同学生之间进行比较。

第三，成长记录袋的应用与教学活动不可分隔。有些教师对所收集的作品很少进行分析和解释，为了收集而收集，致使档案袋没有充分发挥它的评价作用。美术教学中使用成长记录袋时应该与明确的教学目标相呼应，将成长记录袋的应用与教学有机结合起来，发挥其积极作用。上文提到成就型档案袋中的案例就是老师引导学生去了解、学习几米绘本艺术的过程，教师可以安排一定的课时让学生以自主课堂的形式回顾介绍几米的作品，对几米的绘本作品进行分析和解释，并针对学生绘本作品中的优势与不足进行指导，为形成性评价和终结性评价提供丰富的信息，从而促进学生的发展。

第四，档案袋的使用是个良性循环的过程。档案袋在制作、实施评价的过程都需要耗费较大的精力。因为共同建构、良性循环等特点，决定了它必然要比传统线形量化的评价模式花费更多的时间，但是由于这种评价方式是嵌入整个学习过程之中的，学生在档案袋创建和使用过程中的参与,尤其是档案袋中的评价和反思内容都是培养可持续发展学力的重要过程。

总之,运用档案袋评价要学会因地制宜,根据所在学校的师生差异及实际可利用的教学资源状况合理安排设计,由教师与学生自主决定在评价实践中用不用、在哪一或哪些领域用档案袋评价、选用何种类型、在档案袋中收集什么内容,以及如何对档案袋进行评价等具体事宜。

二、苏格拉底研讨评价

(一)关于苏格拉底研讨式评定

苏格拉底研讨式评定是一种源于古代哲学思想的典型质性评定方法,其哲学根源是苏格拉底的精神助产术,人文关怀美术校本课程评价将苏格拉底研讨式评定中学生在"小组参与"和"课堂讨论"中的表现作为美术成绩评定的组成部分,从而鼓励学生在课堂上积极思考,勇于发表自己的主张和见解。一般包括下述具体步骤:

1. 明确教育目标

在这点上,苏式研讨法虽与传统评价的做法相同,但传统评价只是把目标作为评价的标准,而苏式研讨法则注重评价如何才能真正实现教育目标。因此,它不像传统评价那样对目标进行过细的设定,目标可以是对艺术作品批判性思维、鉴赏解读能力的培养等。

2. 选定研讨的内容

课程知识的广泛性和课堂教学容量的有限性之间的矛盾,是传统教学疲于应付却又终难解决的。苏式研讨法试图把教学从这种困境中解脱出来。针对美术欣赏学科的学习,苏式研讨法更着重于对于学生高级思维能力的培养,旨在达到艺术鉴赏能力、批判性思维能力的训练。为了尽可能使研讨深入细致,所选内容通常是从绘画作品的局部或某一方面切入进行探讨分析,当然为了能最有效地促进学生学习,教师可以对研讨内容进行有机组合,包括一些跨学科的整合内容。

3. 教师提出一个启发性问题

这一步被认为是研讨过程中至关重要的,它会直接影响研讨的质量。苏式研讨法开始于一个启始问题(也被称为基本问题),这可以是一个有价值的开放性问题。"基本问题"往往是对单元主题、内容和教学提供一种上位的引导性问题,从而引发学生的深层思考。一个好的启始问题会在问题研讨过程中引发对话,它们没有单一或"最合适"的答案,但它可以产生对话、深化思维,借由探讨内容中不同思想观点的碰撞获得对研讨内容更深更广的理解。"基本问题"希望将学习活动引入一种宏观的理念、新的思维角度、更深刻的内涵和人文意义。正是因为基本问题具有开放性,甚至涉及不同的价值观,所以能指向学科的核心并孕育出新的问题等。为了帮助学生更好地理解这类基本问题,教师在具体实施时还可以分解出一系列与学科相关的、步步深入的"小问题"。

4. 选择研讨的方式、设计简明的记录表

设计一张记录表,客观完全地反映整个研讨过程,它是进行评价的客观依据。通过一系列研讨记录的分析、对比,就可以对学生在学习过程中的态度表现作出判断。

5. 以多种方式完成评价

正如研讨法可用来实现不同的教育结果一样,其本身也能以不同方式来完成。例如我们可以把它作为课堂评价的工具;也可以把它作为阶段学习成果展示的一部分;还可以把它作为提供给学生的课外学习拓展内容。此外,苏式研讨法还能为学生的自我评价提供良好、积极的媒介,特别是通过观看问题研讨的录像视频学生可以对自己的表现进行客观评估。研讨法不仅可以使师生明晰课程内容、教学和评价的关系,还可以作为衡量学生学习和课程进展情况的依据。

可见,苏格拉底式研讨法不仅是一种质性评价的有效方法,更提供了一种课程教学的改革思路。将课程、教学和评价进行统整,使之成为一个有机整体,这也是目前质性评价发展的趋势。

(二) 苏格拉底研讨评价的实践案例

2001年联合国卫生组织对"健康"的定义为:"健康不仅指没有身体缺陷和疾患,还应具有完整的生理和心理状态及良好的社会适应能力。"据"2004—2005年上海学生发展报告编委会"对上海市132所中小学校3510个样本的调查报告显示,有15.0%—21.2%的学生没有知心朋友;有三分之一左右的中学生经常有"孤独""烦恼"等消极感受,7.4%—11.5%的学生"长久不能解除"压抑的心情[①]。上海社会科学院青少年研究所于2010年对本市5个区15所中小学的发展状况数据调查也显示部分学生的确存在一定人际交流障碍和心理问题,学生内心深处隐藏着各种压抑。笔者所执教的是一所实验性示范高中,过高的目标要求和日趋激烈的升学竞争等诸方面的原因造成了学生的心理压力,引发了学生的心理问题。

20世纪美国教育家罗恩菲德曾在《创造与心智的成长》一书中提出"透过美术教育的治

---

① 上海学生发展报告编委会.2004—2005年上海学生发展报告[C].上海:上海教育出版社,2007.

疗"①的主张,认为美术创作是行为和情绪表现的工具,他提出以美术为中介达到自我实现的目标,促进自我成长和创造的观点。在《普通高中美术课程标准》中将美术实践作为一种情感表达活动,认为通过美术实践能使学生获得成功感和自信心,具有促进人际交流、释放紧张或消极情绪、增强身心健康的作用。

美术治疗是利用美术媒介、美术创作以提供非语言的表达与沟通机会而做的一种心理治疗,作为一门跨学科的专业,它是美术与心理学的整合②。美术是表达自我、宣泄烦恼、描绘梦想、情感交流的有效工具,美术治疗则充分挖掘美术工具性的功能对一些心理障碍者开展治疗,他们可以自由地运用美术材料进行自我表达和投射,通过治疗解放思想,消除封闭,建立信心,从而达到治疗的目标。美术治疗在欧美国家已被广泛用于卫生和教育领域。

随着学生心理健康问题的日趋严重,学校对学生的心理健康教育尤显重要,纵观目前学校的心理健康教育尚处于发展期,工作的重点只能关注问题学生的心理矫正,而教育的目的不是为了发现"问题学生",而是帮助学生挖掘自身具有的优势和潜能。笔者认为美术学科因其特有的学科特性更能在促进学生心理健康方面产生积极影响。所以,人文美术校本课程设计中"美术与心灵"主题的课程内容开发就是针对美术教育对学生心理健康的促进功能而设计的,旨在帮助学生运用美术这一学习方式来自由表达情感和思想、宣泄心理压力、释放压抑情感并最终形成健全的人格。

【案例1】《美术与心理健康》

为了加强艺术学习与学生已有艺术学习经验及生活实际的联系。鉴于此,笔者设计了《我手画我心——心灵绘本创作》的单元课(表4-3),《绘画与心理健康》是该单元课中的一课时。

---

① 维克多·罗恩菲德.创造与心智的成长[M].王德育,译.长沙:湖南美术出版社,1987:25.
② EDWARDS.D. 美术治疗[M].缪青,译.北京:中国轻工业出版社,2010:5.

表4-3 《我手画我心——心灵绘本创作》单元课程设计

课程名称	我手画我心——心灵绘本创作			
课程目标	1. 了解积极心理学,知道艺术治疗的概念,了解绘本创作对于心理健康的促进作用。 2. 掌握绘本排版构图方法,学会绘本人物设计、上色方法,学会绘本文本设计。 3. 通过绘本创作释放自己的情绪,帮助他们建立自信,发挥自身积极力量,具备应对逆境的心理弹性。			
总课时数	共计8周,8节课(每周一节)			
单元名称	绘画与心理健康	绘本是什么	绘本怎么画	绘本如何写
具体目标	1.1 知道艺术治疗,了解积极心理学,了解绘画对于排解心理压力的作用。 1.2 过程:课题导入—联系实际—引出内容—实践操作。方法:老师引导,学生各自独立完成学习。 1.3 了解通过绘画的方式可以放松心情,舒缓情绪,让学生热爱绘本创作,能够自发主动的进行绘画创作。	2.1 了解绘本的特点及多样性风格,掌握绘本和漫画的区别。 2.2 了解绘本的概念—欣赏国内外绘本作品—阅读绘本作品—小组讨论区别漫画和绘本的不同。 2.3 透过动画、绘本及插画作品的欣赏,引导学生以创作者的角度品味绘本创作的特性及多样性风格。 2.4 学生阅读欣赏名家绘本,感受绘本的阅读乐趣,刺激学生学习本课程的兴趣。	3.1 掌握绘本的人物设计及上色方法。 3.2 了解绘本的外观形式—确定自己绘本的风格—掌握绘本的构图方法。 3.3 通过对于外国绘本的介绍分析,让学生研究探索适合自己的绘本形式。 3.4 学生在绘制绘本的过程中释放其生活以及学习的压力,发挥自身的积极力量。	4.1 掌握绘本的编写方法。 4.2 绘本样式的介绍—极短篇的介绍,修辞手法的简介,通过实践练习掌握修辞手法的运用。 4.5 学生掌握极短篇的写法,更好地用绘本表达自己的感情。
教学时数	1节	2节	3节	2节

(续表)

教学活动	1. 课程说明 2. PPT出示地震后红十字会心理医生让孩子运用绘画排解恐惧的案例。分析案例中绘画对于心理的作用。 3. 学生分组讨论"如何帮助一个带有负面情绪的学生尽快走出困境?" 4. 发画纸进行绘画心理测试:房—树—人,根据测试结果引导学生进行相关实验。 5. 展示PPT,并讲解自由绘画对于缓解压力的作用。	1. PPT展示绘本的图片让学生欣赏 2. 绘本概念的导入,提供国内学生熟悉的几米以及朱德庸的绘本,并就书本的外观、文字内容、插图表现、绘画媒材作赏析。将绘本主题、风格及所要表达的内涵和意义向学生说明。 3. 由学生介绍自己喜欢的绘本类型。 4. 学生分组讨论教师详细介绍绘本与漫画的区别。	1. 用PowerPoint介绍绘本外观形式的种类及制作方法。 2. 以国内外优秀绘本范例介绍各种角色造型与风格。赏析各绘本角色造型、色彩与该角色个性之关系。 3. 说明角色造型设计方法。指导学生发展角色造型。 4. 教授绘本构图及上色技巧。设计画面人物草图,并考虑图文编排的搭配。 5. PPT展示作业要求。指导学生进行绘本制作。	1. 准备国内外优质绘本,供学生轮流翻阅,并就故事内容加以介绍、赏析与评论。 2. 分析写作要领,提供作文修辞范例让学生观摩学习,并说明作文易犯的毛病。 3. 绘本类型的介绍。极短篇概念的引入。扩大阅读范围,增加学生阅读与写作能力。 4. 修辞训练让学生实际运用写作方法。引导学生编写绘本。
教学资源	1. 积极心理学影像资料 2. 心理测试图例 3. 学习单	1. 绘本若干本 2. 学习单	1. 绘本创作所需纸、笔等工具。 2. 教学视频DVD	1. 优秀绘本范例 2. 教师示范图例
教学媒体	笔记本电脑、投影仪,PPT课件	笔记本电脑、投影仪,PPT课件	笔记本电脑、投影仪,PPT课件	笔记本电脑、实物投影仪,PPT课件

课堂研究学习的内容是通过设置真实情境的方法,设计了一个活动项目——"帮助心理问题学生走出困境",通过学生的分组角色体验活动来感受不同方式对心理健康产生的作用,并体会绘画对心理健康促进的优势。学生按选择方法的倾向性分成三组(音乐组、美术组、文学组),针对不同方式在治疗过程产生的作用和效果进行学习探讨,活动通过框架问题的设计以此来激发学生思维,带动学习热情。

框架问题
基本问题:
如何通过美术学习方式来促进心理健康?

单元问题：

如何帮助一个带有负面情绪的学生尽快走出困境？

内容问题：

1. 当你情绪不佳时一般会采用哪些方式改变不良情绪？
2. 如何运用绘画创作改变不良情绪的？
3. 美术相比其他方式有哪些优势？

下面是具体的操作流程：

1. 商讨、制定评价准则（师生共同参与，表4-4）

表4-4 《美术与心理健康》苏格拉底讨论评定的评价准则

姓名　　　　　班级　　　　　小组　　　　　日期

评价项目	得分	描述
研讨态度 (20%)	20—15	认真听取同学意见，全程关注研讨，积极思维，踊跃发言，能用规范的用语。
	15—10	比较投入，能够听取大多数同学的发言，发言较踊跃，较多时候能用规范用语。
	10—5	对研讨的过程关注度一般，发言欠踊跃，发表观点不够规范。
	5以下	完全不听取研讨，不发表任何观点或吵闹。
语言表达 (20%)	20—15	能够自信清楚地表达观点和意见，思路清晰流畅。
	15—10	能较好地表达自己的意见，思路具有一定的条理性。
	10—5	不能完全表达自己的意见，思路较混乱。
	5以下	完全不能表达或不表达自己的意见。
材料收集 (20%)	20—15	能根据角色分工很好地完成相关材料的收集，按要求进行资料的整理汇总，查询到的资料全面、权威、内容或形式上都具有独到性。
	15—10	较好地完成收集材料的任务，比较全面。
	10—5	搜集的资料较为零星混乱，只是应付作业。
	5以下	不搜集任何的书画或图片资料。
观点合理 (20%)	20—15	客观理性的综述讨论的观点，在充分思考的基础上形成自己的见解。
	15—10	表述观点基本正确，但部分则不够全面客观。
	10—5	表述观点模糊、缺乏思考，部分观点错误或盲目跟从他人。
	5以下	没有自己的观点或表述观点完全错误，逻辑混乱。
学习报告 (20%)	20—15	认真完成报告，能够独立思考且有自己的想法和观点，具有一定创新性。
	15—10	比较认真地完成报告，有一定的想法和创新性。
	10—5	报告中虽有一定闪光点，但态度欠认真，部分内容不够完整。
	5以下	报告随意潦草，大部分内容没有完成且质量很差。
得分		

2. 深入研讨

本课时的教学实施在真实情境的活动项目中开展,教师先在课堂教学中向学生们介绍一个艺术治疗的真实案例:一个在地震灾害中失去双亲的学生饱受心灵的创伤,心理医生们运用艺术治疗的理念通过绘画方式最终帮助他走出了心灵阴影。在教师的启发下,课堂围绕着"如何帮助一个带有负面情绪的学生尽快走出困境?"主题进行深入的学习探讨,通过前测问卷的数据统计,我们发现学生们通常运用下述几种方式进行解压包括:音乐、阅读、运动及绘画,但选择绘画的学生明显少于前三者。接着,学生们分组进行了著名的"房—树—人"的心理测试(图 4-16),根据测试结果大家随机被分成了 4 个小组(音乐组、绘画组、运动组及阅读组)进行后续的解压实验,选择音乐组的同学将通过聆听舒缓放松的轻音乐作品帮助调节情绪,运动组学生尝试学做一些帮助身体舒缓的练习动作,绘画组同学则被安排尝试抽象绘画的创作,阅读组学生被安排聆听优美的散文诗歌。

图 4-16 学生进行课堂测试

最终通过访谈调查,我们发现参与绘画创作的同学和其他几组同学一样在经过实验后均得到明显的情绪改善,可见绘画创作在一定程度上能缓解压力,帮助促进心理健康,只是在平时的学习生活中我们缺乏对其的了解而往往忽视美术的这一功能。在后续的学习中,学生在老师的指导帮助下,讨论学习了自由绘画创作中构图、线条、造型、色彩等美术要素对缓解心理压力的作用,为之后的心灵绘本教学的顺利开展打下基础。在学习讨论的过程中我们运用苏式研讨评价对学生的课堂表现进行评估,特别是可以辅助运用记录单和评价量表详细记录研讨过程,观察学生在讨论过程中的表现(表 4-5、表 4-6),并按照标准对学生进行评定。

表 4-5　课堂讨论观察表一

讨论主题：　　填表日期：　　姓　名：　　小组组长

评价内容	评分标准	得分标准	自评	组评
行为表现	1.在讨论中能提出问题 2.提出解决问题的方案 3.表述的观点科学合理	满足3个评分标准得5分 满足2个评分标准得4分 满足1个评分标准得3分		
合作交流	1.积极主动的表述自己的想法 2.认真倾听小组内其他成员的发言 3.虚心接受他人提出的建议；当其他成员没有理解或误解自己的观点时,能友好地做出解释	满足3个评分标准得3分 满足2个评分标准得2分 满足1个评分标准得1分		
语言表达	1.条理清晰,逻辑连贯 2.态度自然,声音洪亮	满足2个评分标准得2分 满足1个评分标准得1分		
总分	没有参与讨论的得0分			

表 4-6　课堂讨论观察表二

评价主体	评价内容		评价结果（以描述性评价为主,也可在相应栏目里打"√"）
指导者评价	学生的行为表现、情感态度、研讨情况、参与程度、努力程度	学生是否积极参与研讨主题	
		学生对研讨主题的兴趣是否持久	
		小组成员是否能进行有效合作与交流	
		学生获取资料信息的途径和方式有哪些	
		学生研讨的成果是否达到预设的目标	
		学生在研讨过程中是否有独创性表现	
学生的自我评价			

课后要求学生依据课堂讨论情况撰写小结,阐述自己的思考过程并提出自己的见解。每个小组还将根据实验后的学习情况递交一份学习报告,组长整理出研讨记录并给出评价建议,小组将选派代表展示汇报本组的研讨成果供全班分享交流。最后,我会安排一课时对学生的课堂表现给予及时合理的点评,对表现出色的学生给予表扬；对准备不足、在讨论中怯场,或对讨论问题理解不充分的学生提出改进意见,并对学生的反馈小结进行点评。在研讨活动的开展过程中,教师要注意引导学生做好资料的整理归类,对前期问卷的数据、所有在研讨过程中产生的文本资料(学习报告、实验数据、研讨成果、访谈记录等)及时收录进档案袋。整个评价活动,加强了与学生实际生活的联系。通过研讨学生不仅了解了美术学习

在促进学生心理健康发展所不可替代的作用,更在思维激发、观点碰撞、意见分享的研讨学习中学会并掌握了在自身出现负面情绪的时候,如何通过合理有效的方法尽快调整好情绪走出困境,同时研讨活动也培养了学生的比较、分析、综合、归纳与评价的思维能力。

苏格拉底研讨评价的最根本目标,是为了让学生在一系列的学生评价中学会更有成效地思考,并为自己的见解提出有力的证据。课堂上对于"如何帮助负面情绪的学生走出困境"问题的不同观点,我鼓励学生们各抒己见,展开辩论,在这种背景下,学生评价就不是根据预定的、外在的标准对课程与教学进行有效控制的过程,而是学生通过协商进行意义建构的过程,研讨的过程是学生学习、交流、反思的过程。这样的课程评价模式取得了很好的授课效果,当学生了解到绘画对促进心理健康的巨大作用后,对随后的绘本教学产生了浓厚的学习兴趣。

"我手画我心"心灵绘本的创作是人文美术校本课程"美术与心灵"单元的课程内容,利用绘本这一在学生中普遍受欢迎的载体可以极大调动学生的创作热情。我告诉学生只要坚持创作每位学生最终都可以拥有一本独一无二的个性心灵绘本时,大家显得兴致颇高。在课上我要求学生养成良好的绘画习惯,尝试"用绘画的方式记日记"并持之以恒。针对不同学生的情感需求我开展分层辅导教学:心灵绘本既可以作为大家发现美好生活、热爱生活的记录,也可以作为压抑情感的释放载体,绘本的创作题材内容没有局限,只要是基于个性情感的真实流露,心情故事的完整记录都可以通过心灵绘本加以表现。相比学生直接把心事说出来,绘本创作让他们多了一份参与感与成就感,在绘画创作的过程中,学生会自然地降低防卫心理,让潜意识的内容浮现(图 4-17、图 4-18)。

我始终坚信美术创作的过程就是艺术治疗的过程,当学生专注于绘本创作时,会逐渐享受绘画带来的愉悦情绪,生理和心理会随之发生变化:肌肉逐渐放松,紧张情绪得到缓解,身心亦得到了调整,从最初的草图构思、头脑风暴、绘画随笔到最后的完稿作品,档案袋记录下了学生绘本创作的整个学习过程,而学生通过档案袋的交流还可以增进人际交流,学会表达和分享,帮助建立同学间的信任和理解。绘本创作涌现了一大批优秀的绘本作品(图 4-19)的同时更让学生学会释放自己的情绪,帮助他们建立自信,发挥自身积极力量。人文校本课程需要教师关爱学生,了解学生,知道他们的所思所想。在运用质性评价方式开展绘本创作教学活动中,教师不仅扮演着治疗者、引导者的角色,同时也成为学生绘本创作的参与者与分享者。当教师了解到学生在任何艺术活动中的挣扎,都要适时地进行沟通,提供帮助,我们应借助评价深入学生的内心世界并给予引导和关怀,这样艺术学习才有了本质意义上的升华。

走向人文关怀的高中美术校本课程开发

图 4-17 学生的绘本作业

图 4-18 学生在创作绘本

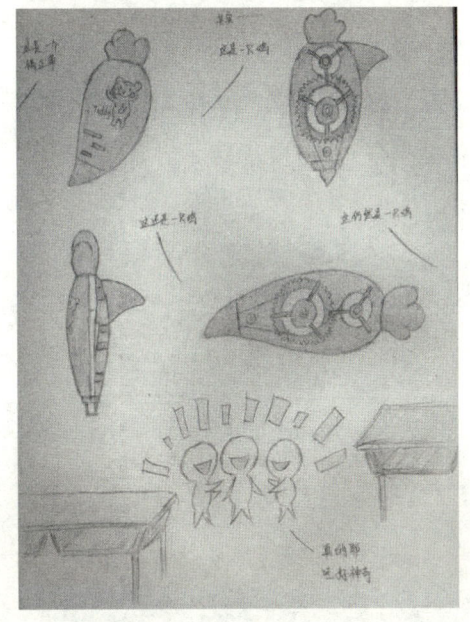

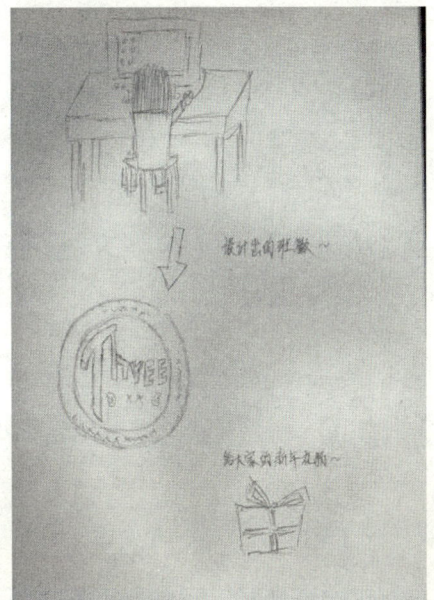

第四章 人文关怀美术校本课程的教学评价——以教材中"美术与心灵"主题为例

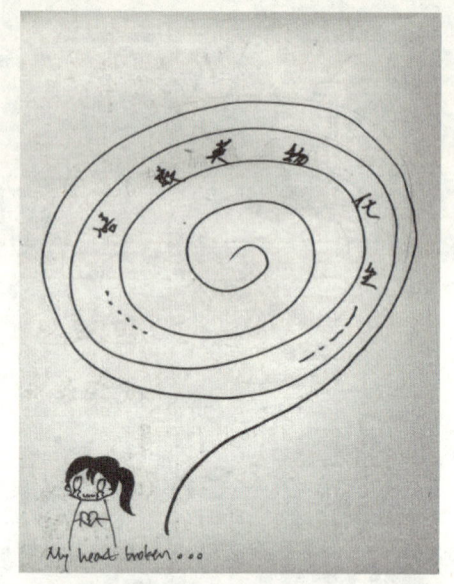

走向人文关怀的高中美术校本课程开发

图 4-19 学生的绘本作品

三、表现性评价

表现性评价于 20 世纪中叶起源于美国。起初,表现性评价并非运用在教育领域,而是运用在心理学领域和企业管理领域。表现性评价以其明确的评价标准、客观的评分规则、灵活的评价方式以及有效的评价结果得到教育界推崇。表现性评价是指在学生的生活和学习情境里,通过对学生完成实际作业表现的观察,对其学业成就进行整体判断的教学评价方式[1]。简言之,表现性评价就是"通过观察学生在完成实际任务时的表现来评价学生已取得的发展成就"。人文关怀美术校本教学评价借用这一评价方式用以考查学生的知识与技能掌握的程度以及在实践中解决问题、交流合作和批判性思考等多种能力的发展状况,如学生课堂学习的参与程度,思考能力、小组合作能力等都可以作为评价的对象。

表现性评价十分强调学习任务与真实生活情景相结合,评价创设了学生在教育活动中、在课程教学中完整而真实的情境,强调在完成实际任务的过程中来评价学生的发展,不仅要评价学生知识技能的掌握情况,更重要的是要通过对学生表现的观察分析,评价学生的创新能力、实践能力、与他人合作的能力以及健康的情感、积极的态度、科学的价值观。通过学生活动或完成任务的过程,不但能够评价学生知道了什么,还能够评价学生能够做什么,从而增强评价的操作性和导向性。表现性评价主要具有以下几个特点:①评价时要求学生演示、创造、制作或动手做某事;②要求激发学生高水准的思维能力和解决问题的能力,表现性评

---

[1] 周卫勇.走向发展性课程评价[M].北京:北京大学出版社,2002:6.

价鼓励学生的发散性思维,允许甚至追求答案的多样性;③使用有意义的教学活动作为评价任务;④唤起真实情景的运用,即表现性评价的问题情境是比较真实的,需要学生解决的问题是现实中的问题,而不是脱离现实情境的抽象问题。

一般而言,表现性评价的实施大致可分为三个阶段:前期准备阶段、具体执行阶段和后期处理阶段。前期准备阶段主要是为评价的具体实施做准备,对表现性评价进行整体设计;具体执行阶段是对反映学生学习和发展的表现进行资料收集和分析的过程,教师的主要任务是组织学生开展探究、合作和交流活动,并对他们的行为表现进行观察、记录;后期处理阶段包括评价结果的评定、反馈和收录学生成长记录袋,以使评价真正发挥激励和促进功能。

(一)表现性评价在教学中的运用

1. 明确评价目标、了解创作过程

表现性评价是对学生在完成任务时的具体行为表现的评价,因此首先要确定评价的内容(即教学目标),并将它分解为构成表现成果的可观察的具体行为,然后制定评价这些行为优劣的标准。目标是评价的依据,又是评价所要达到的最终结果;制定明确而清楚的评价标准,则是成功实施表现性评价的关键。所以教师首先要根据教学要求和课程内容,了解学生的学习背景,设计对他们的预期目标,构建学习质量评价的目标体系,然后根据目标制定合适的评价标准。此次研究的表现性评价的目标包括设计能力、参与意识、合作精神、操作技能、探究能力、认知水平等几个方面。

《我的故事——定格动画创作》是人文美术校本课程"艺术与心灵"主题下的子课时,课时教学凭借数字技术结合人文主题的创作,帮助学生搭建艺术学习与生活联系的桥梁。我要求学生以《我的故事》为题,以小组合作的形式完成一个定格动画小短片的拍摄。在下发的任务单中我明确了作业的要求。

理念:努力打造基于生活、始于艺术的跨学科框架,我们强调在定格动画艺术创作中加强人文教育,体现人文精神,落实课改理念。定格动画教学将艺术教育与计算机信息技术相结合,强调跨学科知识的融会贯通,以传统艺术的人文底蕴为内核,把不断发展的信息技术作为支点,为艺术教育插上信息技术的翅膀,并在动画创作中凸显艺术学科的人文性特质,培养学生的整合创新、开拓贯通和跨域转换的多种能力,帮助学生形成尊重、关怀、合作、分享等人文素养,促进学生个性完善和全面发展。

活动目标:动画创作以《我的故事》为主题(表4-7),让学生联系自己的生活经历,借助动画作品表达对生活的感悟,引发学生对自我、他人、社会生活的关注思考。活动通过任务分配、选择与承担、个性化参与,促进学生在个性、能力和特长等方面的全面发展。将定格动画引入高中美术课程,旨在为学生提供多元化的艺术体验感受及创作机会,丰富学生的艺术表达途径、拓展艺术视野,增强视觉文化素养,培养学生创造力和实践能力,增强艺术学习的

兴趣。

"人文艺术学习"是学校艺术教学的特色所在,《我的故事》动画创作作为人文美术的校本教材的"艺术与心灵"主题下的活动,就是希望以学生的视角通过动画故事的创编反映他们对生活的所思所想,《小忻老师的班会课》是小薛小组同学们自编、自导、自创的定格动画微电影,讲述了学生们和我校的青年班主任吕忻老师之间的故事,故事从吕老师的一节班会课开始,并以独特的视角探讨了当今社会的热门话题"老奶奶摔倒了要不要扶?"

表 4-7 《我的故事》定格动画创作过程

阶段与时间	学习任务	学习方式	学习成果
第一阶段：了解动画	了解动画艺术的相关知识,形成自己的观点	通过自主课堂、网络自学等途径开展自主学习	鉴赏报告；图文 PPT 演讲
第二阶段：动画制作	1. 成立小组、明确分工	成立合作小组,确定人员分工	学习方案的制定
	2. 创编剧本、设计草图	动画脚本的创意研究与讨论、分镜头草图绘制	动画脚本及分镜头稿图
	3. 制作模型、绘制背景	超轻土模型制作、动画背景的绘制	动画拍摄所需模型及场景
	4. 场景搭建、棚内拍摄	动画场景的搭建、完成逐帧拍摄	照片素材
	5. 后期制作、电脑合成	调整选择素材,运用会声会影软件制作动画	定格动画成品
第三阶段：动画展示	1. 班级动画秀展示	制作 PPT、宣传视频、收集整理活动记录,作为资源反馈课堂	通过各种途径与方式呈现动画作品
	2. 评选最佳创意动画		
	3. 线上线下的动画展示交流	运用手机、网络平台开展学习交流	图文 PPT 课堂分享
第四阶段：社会实践	走进社区,参与动画交互媒体演出	多媒体舞台演出	社区实践报告,演出视频录像

2. 设置表现任务、制定评价标准

所谓的表现性任务就是在表现性评价过程中评价者要求学生完成的具体任务,而表现性评价实际上就是对被评价者在完成表现性任务过程中的表现情况进行观察与评估。因此,能否设计出合适的表现性任务是保证表现性评价的信度和效度的基本前提。针对动画创作过程的不同任务阶段,我和学生共同制作了相应的表现性评价量表(表 4-8、表 4-9),用于评估学生在各阶段完成任务的情况。

表 4-8　表现性评价量规一

班级：　　　　　姓名：　　　　　学习小组：　　　　　小组组长：

评价内容	行为表现	自评					小组评					教师评				
		全无	有	及格	良好	优秀	全无	有	及格	良好	优秀	全无	有	及格	良好	优秀
动画方案设计	1. 设计主题鲜明，意图明确															
	2. 行动方案合理可行															
学习过程表现	1. 参与学习活动积极主动、为作品设计献计献策															
	2. 服从分工、认真完成小组分配的任务															
	3. 耐心聆听他人意见，并给同伴提供帮助和反馈															
	4. 能及时发现和解决制作过程中发现的问题															
总评　（分）																
评价规则	评价总分为 100 分，共 10 项，每项最高分为 10 分，分为"全无、有、及格、良好、优秀"五个等级，分别对应的分数为 0 分、2.5 分、5 分、7.5 分、10 分。自评部分占总成绩的 30%，小组评部分占总成绩的 30%，教师评部分占总成绩的 40%。															
小组评语																
教师评语																

表 4-9 表现性评价量规二

评价内容	评分标准	得分标准	自评	他评
动画鉴赏报告/35	1. 能运用美术语言对动画艺术特色做出合理分析。 2. 报告内容详尽、表述观点科学合理。	满足 2 个评分标准得 35 分 满足 1 个评分标准得 15 分		
动画作品/35	1. 动画主题切题,作品具备动画艺术的基本要素,体现一定的艺术性和思想性。 2. 动画故事连贯完整,无跳帧现象。 3. 配乐旁白恰到好处。	满足 3 个评分标准得 35 分 满足 2 个评分标准得 25 分 满足 1 个评分标准得 15 分		
作业展示/20	1. 能运用交互媒体形式进行动画作品的演出。 2. 能熟练运用 PPT 等形式对作品进行介绍展示。 3. 能客观、公正地对自己及他人的作品进行合理分析评价。	满足 3 个评分标准得 20 分 满足 1 个评分标准得 10 分		

3. 依据评价量规、完善教学活动

在老师的悉心指导下,学生们根据定格动画的创作及小组成员的各自特长对人员进行了合理分工,按工作任务成立了合作学习小组,包括脚本创编组、模型制作组、场景绘制组、动画摄像组、电脑后期组,并依据微电影完成的各步骤设计了任务分配图(图 4-20)。

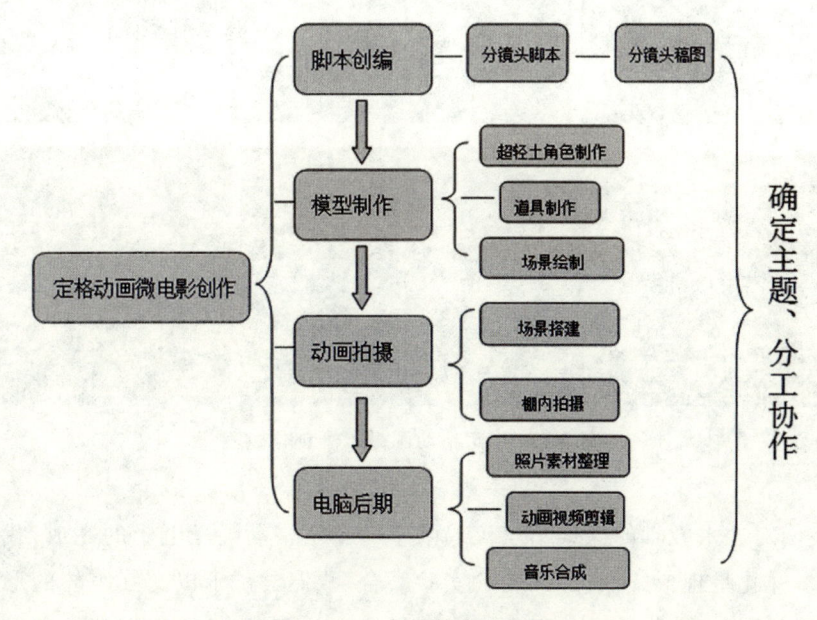

图 4-20 创作任务分配图

学生们在完成了分镜头脚本的创编后,运用超轻土工艺制作完成了主要人物及道具的

制作,其中主角人物小忻老师更因其生动有趣的造型和与教师原型极高的相似度成为整部动画电影的一大亮点。负责场景绘制的学生们依据分镜头稿图运用数字绘画软件分别完成了教室、马路等动画场景的绘制。之后就进入关键的动画拍摄阶段,同学们在棚内完成了主要场景的搭建,准备好相应的数码摄像设备并调整好室内光源,依据故事情节发展需要进行动画的逐帧拍摄,为了保证后期动画成片的完整流畅、不出现跳帧情况,学生们进行了艰苦的拍摄,几分钟的动画电影积累了数百张的资料照片。最后的电脑后期合成是整部动画电影的关键,我们对所有拍摄的素材进行了整理,完成了后期配音并运用会声会影软件对音、视频进行了剪辑,最终成功完成了动画微电影的制作。因为借助各项表现性评价量规的使用,各项教学活动都有条不紊地开展进行着,学生们纷纷乐在其中(如图4-21)。

图4-21 定格动画微电影创作过程

当然,我们对艺术教学的探索不仅仅局限于一个定格动画微电影的完成,我们更致力于动画艺术的多样化呈现形式,通过几轮的实验磨合,我们尝试了以交互媒体的形式演绎了校园剧《小忻老师的班会课》,前景的学生真人实景演出与背景LED屏播放的定格动画微电影交相呼应,亦真亦假、一实一虚,全新的数字媒体艺术的演出方式令人耳目一新,演出走出校园走向社区,首演便获得了大家的高度认可(如图4-22)。

图 4-22　数字媒体艺术演出

表现性量表的使用贯穿于整个活动的始末,当学生每完成一个阶段任务,教师都及时让学生根据量表的各项内容进行合理评价并在此基础上进行教师的资料汇总整合,随后的课堂上教师将组织学生依据评价结果指导学生基于量表评价的反思学习。因为量表的有效使用观察记录了整个活动的过程,而及时的反思评估更能让学生意识到自身的长处和不足,明确今后学习努力的方向。

学生小薛在被问及定格动画的创作感受时仍抑制不住满脸的欣喜,她激动地说:"我喜欢这种全新的艺术形式,定格动画《小忻老师的班会课》不仅很好地诠释了我们原创的意图,而且有趣、新颖、生动的呈现方式拉近了我们与观众的距离,带来更好的互动效果。"而同组的其他学生则纷纷表示整个活动不仅丰富开拓了大家的眼界,为他们带来了更广阔的艺术展示空间,同时小组成员间的合作交流和学习体验也增强了同学间的团队协作能力和整合创新、开拓贯通和跨域转换的多种能力,学生的艺术素养和综合能力得到了全面提升。

(二)运用表现性评价的反思

表现性评价让学生的学习积极性有了明显的提高,传统的教学评价往往只关注最终作品的呈现情况,这种终结性的评价方式往往让一些美术基础一般或者薄弱的学生失去了进一步学习的兴趣和积极性。而表现性评价关注的是学生的整个学习过程,不仅在评价之前对学生进行评价目标的指导,帮助其了解整个创作的完整过程,在整个评价的测试过程中,更通过一系列评价量表的设计结合表现任务的设定帮助学生投入到后续的学习中。整个评价程序让学生了解到美术课程评价不单只关注他们呈现的最终作品,更为关注的是他们在完成表现性任务过程中的表现。表现性评价关注每个学生的个体,使原本学习兴趣不大、积极性不高的学生也尝试着积极地参与其中,并在小组成员的共同努力下学会艺术学习的合作分享。很显然,表现性评价的引入,为日常教学评价注入了新鲜的血液,最终促使学生艺术学习能力与个人品质的全面提高。虽然表现性评价的有效使用能激发学生的学习热情,提高学生参与课堂活动的积极性与主动性,但我们也必须明白,表现性评价并不是唯一的评价方法,教师在日常教学中可以结合其他质性评价法和量化评价法服务于我们的美术教学,全面真实客观地评价每位学生的学习和发展状况。

实施表现性评价还需注意以下事项：首先，教师在学生完成表现性任务的过程中必须仔细观察，详细记录，勤于收集过程性的资料，通过综合的分析以保证评价结论的真实可靠。此外，教师应根据学生在学习中的实际表现，灵活调整表现性任务的数量及难易程度，并尽可能使之与学生已有的学习经验和个人生活相联系，并事先告知，让学生能了解评价任务和标准，以保证评价任务的有效进行。设计评价标准时，应列出这些表现或成果的重要方面，作为指导观察和评价的标准。评价标准的数量不宜太多，一般应限制在 10—15 项之间，描述的文字要明确清晰，尽量做到可观察、可评估。另外，教师在评价过程中要给学生提供适当的指导，尤其是明确的、能让学生很好理解的指导语会有利于提高评价效率。最后，评价主体的多元化也可以提高评价的信度和效度。

结　语

处于时代转型期的现代教育不断面临新的机遇和挑战,新的历史时期对课程的思索将成为摆在每个教师面前的新课题。后现代课程观主张构建动态的开放式的课程框架,无论是培养目标、课程内容还是师生关系都发生了改变,变得更为重视人的价值,从知识传授到对人的关怀,这是后现代课程向前迈进的一大步,所以将对人的关注、对人的关怀纳入课程设计是一次巨大超越。教育的核心是课程,现在推行的二期课改尤为重视艺术学科的育人功能,强调艺术学科"立德树人"的学科价值,而我校正是通过对凸显人文关怀的高中美术校本课程开发研究,加强高中美术欣赏课程中的人文教育,通过艺术学习和创作活动涵养学生的身心,帮助学生形成美术的核心素养,塑造学生健康的人格。通过美术教育让学生学会人文关怀,即学会爱护自己,关心他人,关爱自然与社会。"美术教育"是一门学科、一种手段,美术作为一种重要的学习方式其终极目的则是通过美术活动关注学生的心灵,促进他们的身心健康,达到"育人"的目的。走向人文关怀的美术校本课程的开发实践是基于三大人文主题下的课程活动,通过具体的课程实施策略在我们的美术教学中渗透人文关怀。教育是"爱"的艺术,只要教师心存爱心,真正从学生的发展需要出发、从学生的心灵上关怀学生,艺术教育就能发挥其"直指人心"的重要作用从而对学生未来发展产生深远影响。

当下,校本课程的开发已成为一种必然趋势。一所学校的特色即校与校之间的差异。校本课程是最佳体现各校之间特色与差异的载体,而校本课程的开发与实施也的确有利于推动学校教学特色与品牌的形成。在目前国家的三级课程管理体制中校本课程有着它不可替代的独特之处,所以校本课程的开发应当结合地方特色、学校特色。我校人文关怀美术校本课程开发实施多年,目前已取得初步成效。

1. 有助于我校办学特色的形成

我校人文关怀美术校本课程的开发就充分考虑学校、课程教师及我校学生的个性特色,在此基础上形成完备的课程框架体系。校本课程的开发是学校特色构建的一部分,因为一所学校的生命力在于她的特色,要想打造品牌学校,就必须凸显学校特色。我校是杨浦区的艺术特色项目学校,是区民族艺术教育基地校,特色校本课程的构建是体现学校艺术办学特色、充分发挥办学优势、促进学生和谐发展、培养多样化人才的重要途径。早在2010年教育部就颁布了《国家中长期教育改革和发展规划纲要》,在纲要中明确提出普通高中多样化和特色化发展的要求。我校作为"上海市基础教育创新实验区"的项目实验校、上海市特色高中项目组成员,在新的教育背景下学校的发展面临着机遇和挑战。凸显人文关怀的高中美术校本课程的开发,顺应学校"尚理"的办学理念及"人文厚实、理工见长"的育人目标,为学校的艺术特色化发展拓宽了渠道,为构建高中生工程素养系列课程和创设多元化人才培养模式奠定扎实基础,有助于学校办学特色的形成。

2. 促进了教师的专业成长

人文关怀美术校本课程的开发使教师的角色发生了根本性的转变。在传统的艺术课堂中教师主要是国家课程的忠实执行者,课堂教学主要局限于教材内容。但从目前教育教学改革的需要和新时期对教师专业发展的要求来看,教师的传统身份需要转变,因为在大数据时代、"互联网+"的新时期,传统课堂教学会受到多种因素的冲击,在课程的实施过程中,教师也会面临许多新情况、新问题,这些问题的出现往往没有现成可供借鉴的经验,这就要求教师从"教书匠"迅速转变为研究者。长期以来,我们已经习惯于将自己的角色定位于教学的实践者,教师往往只会按照他人的设计和约定俗成的所谓"教学规范"去授课,日复一日、年复一年让自己在不知不觉中沦为教学的熟练工。显然,缺乏思考的教书匠将无法适应新时期下的艺术教学,所以当教师遇到了前所未有的挑战时,就要迅速转变已有观念,在教学过程中边实践边摸索、边研究边反思,把课堂作为践行自己教学思想、实验课程有效性的主阵地,随时根据课堂实际调整自己的教学行为,教师既要做教学的实践者,也要做课程的设计者和研究者。在校本课程的开发和实施过程中,教师从原先的课程执行者渐渐转变为课程的开发者、实施者和评价者,教学活动的促进者,而课程开发中解决问题的整个过程也将促进教师自身专业水平的提升,形成教学相长。

教师角色的转变无疑提高了教师教学主观能动性,从被动地执行到能动地开发,教学热情也不断高涨,教学领导力也得到提高。在目前的美术教学活动中,要求教师具备指导组织学生开展自主、合作及研究性学习的能力。通过人文关怀美术校本课程的开发实践,教师早已不再是传统的"传授知识技能的教书匠",而华丽蜕变为"学生学习的引领者、学习活动的促成者"。二期课改所倡导的课程开发理念是要根据学校实际情况、学生的具体情况、教师对课程的理解以及授课教师的教学风格和教学特色等来设计实施课程,同时课程开发也要求教师具备对教学活动的设计、实施、评价和反思的能力,即教师的"教学领导力"。在校本课程的开发实践过程中,教师需要热情饱满地投入教学之中,不仅需要精心策划教学主题、创造性地设计各个教学环节,充分激发、调动学生的学习热情,更需要与学生建立融洽的、亦师亦友的新型师生关系。教学是一门艺术,课程开发的过程切实帮助教师锻炼了自身的能力,提高了教学领导力,使教学进入师生相互促进、共同学习、共同进步、共同探索研究的良性循环中,成为学生学习的促进者、教育教学的研究者、课程的建设者和开发者。

校本课程的开发同时加深了教师对于现代教育教学观念的理解。教师的教育思想和教育教学观、学生观、知识观、课程观等都直接影响校本课程开发的质量,影响学生和学校的发展,教师需具备现代教育思想和观念。最新修订版《普通高中美术课程标准》特别强调美术学科"立德树人"的重要作用,而这一指导性的课程理念在我校人文关怀美术校本课程中得以体现和落实。在校本课程的开发和实施过程中,我们紧紧围绕课程的育人功能,强调其对学生身心健康和人格养成的重要作用,让学生通过一系列的美术体验创作活动在感受理解美的同时,更学会学习、学会生活、学会做人。教师在整个课程开发活动中都处于核心地位,起着灵魂作用,课程开发使教师不断加强自身的理论修养,通过大量的阅读学习不断更新自己的教学理念,提升个人教学素养。在人文关怀美术校本课程的开发过程中,教师对授课模式的选择,课程内容和评价方式的确定以及教学策略和方法的使用,都依托于教师自身对后现代课程观的认识和理解,从而将后现代的课程意识与课程观念贯彻于课程开发的实践中。所以,校本课程开发要求教师具备丰富的现代教育教学观念,从更高层次入手,应用先进的课程理念,思考和探索教育教学工作。在课程开发的过程中,笔者经历了理论学习、收集分析资料、调查研究等几轮教学实验、反复修改调整和归纳整理实验数据等多个环节,不仅从理论资源的整理和学习中了解了许多先进的教育理念,更在研究实践过程中重新审视了自身能力。课程开发的过程让我从一名普通美术教师转变为参与教育科研实践的研究者,对"科研兴教"的理念有了更切身的认识。其实在很多一线教师的固有思维中总认为教育研究是学者、专家的事,与普通教师没有关系,研究是遥不可及的。通过这次的课程开发我逐渐认识到研究并不神秘,从某种意义上而言我们每天都在进行研究,只要我们在日常教学中善于发现问题、懂得及时反思和积累,那就能在纷繁复杂的教育实践中发现有价值的问题,加以思考,并采取一些有效措施加以改进。校本课程的开发要求教师作为一个研究者进入到课堂教学中,成为一个对自己教学不断反思、不断总结的实践者。教师在课程实践与开发的过程中使科研能力得到提高,因为教学经验的总结必然要求教师运用一定的教育理论知识对自己的实践进行多层次、多角度的分析,总结经验、发现不足,为今后的改进做好准备。

3. 学生美术素养、综合能力得到提高

首先,学生的国家意识、民族意识、社会责任感得到了提升。艺术的产生伴随着人类文明的不断演化。在人文美术校本课程的开发中,我们将美术视为一门具有人文性质的学科。在课程内容的设计上,我们依据三大人文主题对中西艺术进行了梳理和概括,艺术学习成为一种工具方法。通过校本课程的学习,学生能从文化的角度去分析和理解美术作品和美术现象,去认识了解不同国家、不同民族、不同历史时期的灿烂艺术;也能借助艺术洞悉、了解一个时代的文化背景和一个国家的民族精神,了解美术与文化的关系。课程学习在帮助学生了解祖国悠久历史和灿烂文化的同时更深刻感受到深厚宏博的中华民族的文化精神,认识中国优秀传统美术的文化内涵及其独特艺术魅力,形成对中华文化的认同感,并由此增强学生的民族自尊心和自豪感。学生通过人文美术作品的赏析学习、自主课堂活动的积极参与和基于一定主题的艺术创作实践活动,将原本单纯的美术知识技能和技巧学习提高到人文文化学习的层面。通过对作品人文内涵底蕴的挖掘,进一步激发学生对国家、民族的热爱,增强了他们的社会责任感,课程学习帮助学生树立正确的文化价值观,涵养了人文精神。

其次，校本课程也激发了学生的美术学习兴趣。学生作为美术教学的主体是有生命的，而我们的美术教学就是一个生命通过艺术美引领、感动另一个生命的过程。美术教学的终极目标最终落实在个体化的学生身上，课程的开发过程也就是使学生能正确认识自己的能力，树立学习自信的过程。建构主义教学模式在课程教学中的运用充分调动了学生的学习潜能，多样化的教学策略帮助学生融入不同的教学情境中，学生们在与小组成员的交流合作中，共享学习成果，分享学习喜悦。质性评价方式在课程中的运用，使艺术学习不再关注于最终的学习成果，我们通过对学生整个学习过程的关注，及时发现问题，调整完善学习进程，大家群策群力，优化学习成果，客观公正的评价体系也帮助学生更好地发现自身的问题并加以及时改正。人文美术的校本课程即利用美术的人文精神去关怀学生，倡导"以人为本"的理念，尊重、爱护学生，并教会学生运用美术这一独特的文化学习方式学会人文关怀。学生在美术作品中体验生命灵性，感受生命不同的存在形式。在审美文化理解活动中，形成包容开放的文化心态，尊重世界多元文化，弘扬祖国优秀民族文化。在创意实践活动中展开艺术创想的翅膀，实现艺术美的创造。美术作品中开放、自由、创造等品质正是人类穷其一生所追求的精神，借助艺术学习可以使学生心思澄明，让心灵获得诗意的栖居。对于处于高考升学重压之下的高中生而言，在美术课上营造一种愉悦的学习情境和人文化的关怀，对他们的身心发展将产生重要影响。人文美术课程的学习能充分体现对学生个体生命的关怀，不仅激发了每个学生的学习兴趣，且帮助学生形成基本的美术人文素养，培养良好的个性品质，帮助学生通过课程学习感受艺术的自然之美、生活之美及人文之美，从而在终极意义上使每一个学生获得艺术学习的成就感、并最终完成个体的自我实现。

再次，生生、师生情感的交流更为融洽。人文关怀美术校本课程的实施是基于"一定真实情境中的学习"，教师根据不同的美术项目主题和教学内容特点，组织相应的学习活动，有利于提高学生学习和研究能力，提高在不同的情境中解决问题的能力。在学生的自主性学习活动中教师积极鼓励学生发挥自主学习精神，在学习美术知识的同时更敢于发表自己的独特艺术见解，与同学分享艺术观点和感悟。在合作性学习活动中，学生以合作小组的形式参与各类教学活动，教师要组织好学生进行小组成员间的合理分工，充分发挥组员间的团队精神和集体智慧，有效借助艺术学习档案袋的使用，开展各类主题性学习活动，如自主课堂的汇报展示、艺术小课题的田野调查研究等。此外，针对高中生艺术学习兴趣广泛、逻辑归纳能力、资料整理能力、组织管理能力较强的特点，教师还可以通过提前布置学习任务单、设计主题性学习活动来明确要求并提供指导，带领学生一起开展研究性学习。在整个校本课程的开发实施中，教师通过自身的专业素养和人格魅力影响学生，获得学生的尊重并成为他们的良师益友，师生成为一个学习的共同体，通过一系列教学活动的开展，学生在教师的组织引领下共同学习、合作探究。学生在小组学习的方式中学会了分享与交流，学会了分工与合作。无论是"自主课堂"的小组展示，还是"美术小课题"的调查研究，或是基于自身情感体验的心灵绘本创作，借助数字技术表现自我的数字油画，等等，各种丰富多样的活动为学生搭建了表现个性和施展才华的舞台，提供了展示和交流的机会，学生们体会着"互帮、互助、共同进步"的同学情谊,而课程开发过程中师生间的磨合交流也大大增进了彼此间的了解,正所谓"亲其师、信其道",教师能力强、威信高、擅组织、会管理,自然师生关系就会更融洽,学生学习积极性也会更高,与教师的配合也会更默契。随着师生间感情的加深,师生间的互相交流、互相补充、互相促进也日趋完善,师生在校本课程的开发过程中共同发展和成长着。

最后,校本课程锤炼了学生的心理素质。人文关怀美术校本课程通过基于三大主题的课程学习,传承美术知识与文化,帮助学生获取解决现实问题的能力、锤炼学生独特的心理品质。心灵绘本主题教学的开展充分调动学生对绘本创作的热情,提高学生学习积极性、主动性的同时,更帮助学生树立正确的价值观,用积极乐观的心态对待可能出现在学习生活中的各种问题,从而增强学生的心理承受能力,更促进学生的心理活动和外部环境的协调,持之以恒的绘本创作提高了学生的心理素质水平,促进了学生的心理健康和人格完善。在人文关怀校本课程的学习过程中教师鼓励学生大量运用了自主、探究的合作学习的方式,有些主题活动涉及的学生甚至是跨年级、跨班级的全新组合,学生为了更有效学习需要进行合理分工和相互协调,充分发挥每一位组员的特长和优势,在学习的过程中大家从陌生到熟悉,从一开始小组合作中的不知所措到之后的各尽其职,大家都因为有着相同的志趣爱好和对艺术学习的执着,为了达成既定的学习目标齐心协力共同完成学习任务。因为有了坚持和努力,大家对于学习中遇到的瓶颈问题、小课题研究中的难点就能互相鼓励,集思广益共同克服,学生间因为合作加强了彼此间的互动,大家在合作学习中逐渐形成了彼此间的信任尊重、体谅互助、自律反省等良好的品质,这也大大促进了同学间的人际交流,对于一些平时性格内向、羞于交流的学生而言,一起构思探讨的过程就是帮助其锻炼表达能力、提高自信的契机。而一些不同艺术特长学生的跨组成员组合,更使原先仅仅囿于个人艺术 SHOW 的学生在合作中培养了跨域转换能力,并逐渐形成尊重、欣赏、包容等良好的个人品质,最终艺术成果的汇报展示让学生们在体会到艺术成就感的同时更获得了学习的快乐和自信。

当然,在我校人文美术校本课程取得初步成效的同时,我们也清楚地意识到目前在美术校本课程开发过程中存在的一些问题。在当前社会环境下,走向人文关怀的美术校本课程的开发必将承受一定的压力。尽管以技术和知识的传授为价值坐标的教育方式正在慢慢转变,但纵观我们的美术课堂仍延续以美术学科知识技能为主导的教学模式。因此,学校必须明确办学理念,推进素质教育,着眼于每个学生的发展,深刻认识到校本课程开发对学生未来发展的重要性和迫切性,并内化为美术教师的具体行为。虽然我校的美术校本课程开发做了一定的尝试并取得了一定的成果,但课程开发是一个长远的过程,针对课程开发中出现的问题和局限,仍需不断改进努力。

1. 教师对课程理念的理解有待进一步加强

在笔者进行课题研究的过程中,自己对于校本课程开发、人文美术课程的认识与理解也有了进一步的深化,反思过去自己的美术教学也存在一定的片面性。笔者在课程开发实践中,通过与学生的交流和同行的合作中也感受到,尽管大部分教师都意识到美术作为一种重要的学习方式对学生终身发展具有重要意义,但在涉及具体课程开发实践时,部分教师仍肤浅地将美术课堂与学术课堂画上等号,所以作为教师我们要转变角色,在指导学生开展双基学习的同时,要强调艺术学习与学生现实生活经历的联系,通过美术学科的研究性学习,培养学生运用美术语言有创意地思考解决现实问题的能力。当然也有部分教师在选择课程开发内容时只是一味考虑自己的专业特长,很少顾及学校的艺术发展特色及学生的实际学习需求。因而,如何加强人文美术校本课程的开发,发挥其积极影响力还需要我们不断努力,将美术视为一种文化的学习,进一步提高对人文美术的认识与理解,才能在教育教学实践中运用教学艺术提高美术学科的育人价值,以课程引导学生通过感知体验、思考探究、创想实践等学习活动的开展,形成基本的美术核心素养,促进学生的健康全面发展。

2. 课程内容、教学活动、评价方式的多元化探索

我校开展的走向人文关怀的美术校本课程开发在课程内容上立足三大人文主题的教学活动,从课程内容、教学活动设计、教学实施、教学评价一体化以确保校本课程目标得以真正落实。"课程设计——课程实施——课程评价"相互作用、不断发展,是一个师生共同探索问题、解决问题、获取艺术学习成就感的愉悦学习过程。在今后课程不断完善发展的过程中原有的三大主题板块内容可作进一步拓展和延伸,使课程内容更趋向丰富和多元化。为了更好地培养学生的艺术人文素养,在今后的教学活动设计中我们也会继续推进主题性研究型教学,让学生在教师的引领下自主、合作、探究地开展学习,并积极鼓励学生在课外以合作小组的形式围绕艺术主题,开展艺术实地考察,利用地方美术馆、博物馆资源进行艺术场馆教育,组织各类参观学习、走访交流等艺术活动,加强学生艺术学习与实际生活的联系。在课程评价上我们还将继续摸索"质、量"相结合的评价方式,发挥不同评价方式的优势。评价要面向全体学生,既要确保课程基本目标的达成,也要兼顾并尊重学生的个体差异和自主选择,发挥评价的诊断、激励功能。评价的目的是促进教学、完善课程,所以评价学生的同时也要及时反思教师的教学行为,不断调整和完善教学内容与策略,并听取同伴、学生、家长和其他教师等的不同意见,改进教学、发展课程。评价过程的"质、量"结合则体现在评价既要关注学习过程,充分尊重学生,同时也要以各类可检测、评估的评价量表对整个过程进行监控,使评价更具操作性,并依据评价结果不断调整和完善教学内容与策略,通过灵活多样的评价方法,促进学生的健康发展。

3. 扩大课程开发主体,建立广阔的合作平台

校本课程开发是学校根据自己的学校实际和教学特色进行的适合学校特点和条件的课程开发,我校的校本课程开发是以学校为基地进行课程研发的。校本课程的开发应该是一个开放民主的实践过程,理应由更多的教师、课程专家、学生甚至是家长和社区人士共同参与到课程的制订、实施和评价中来,但在实际课程开发的实践中,由于受各方条件限制,课程开发更多的还只停留在部分专家、美术教师的层面。因此,课程开发的主体参与度仍有待加

强,校本课程开发是一个系统工程,需要得到学生、家长、社会的支持与参与,课程开发必须充分考虑这三方面的因素。学校在课程实施中要尽可能地注意学生对于不同主题的学习兴趣,建立信息收集的渠道,定期跟踪学生兴趣的变化,作为进行校本课程开发的重要依据。家长也可以作为校本课程开发的重要资源,课程的开发在一定意义上可以充分调动家长的积极性,他们不仅可以对课程开发献计献策,更可以参与到课程的设计实施中来。社会则更应为课程开发提供大力支持,校本课程开发应与地方或社区发展相联系,我们在课程开发时可以考虑利用地方社区、校际资源,从社区服务、社区发展、社会性问题等出发寻找开发主题,同时通过加强我校与艺术高等院校、区域其他艺术特色高中校、少年宫、少科站等校外教育机构的合作,建立一个更为广阔的交流合作平台,共享优质课程资源,为学生提供多样化的可供选择的课程。随着我们身处大数据时代"互联网+"的背景下,校本课程开发也需要进一步依托先进的数字信息技术,充分发挥微信、QQ等通讯工具的优势,加强师生线上线下的全面交流沟通,继续推进信息技术与美术课程的整合,丰富教学形式,推进教学创新,我们不仅可以将手机、平板电脑等变成学习工具,运用慕课、微课、云课程等资源开展移动学习;更可以广泛发挥数字技术的优势,让更多的高中生体会"像艺术家一样创作"的乐趣,帮助学生创作出属于自己的艺术作品,并通过各类平台分享、交流、发表,从而使校本课程的形式更为丰富、内容更趋完善。

4. 课程开发是一个非线性的、动态的持续过程

后现代课程观强调课程的开发是一个"在跑道上不断奔跑着的过程",是一个非线性的变化过程。在课程的实施过程中我们会遇到各种各样的困难和许多始料未及的问题,但这往往也会给我们的课程带来许多新的创意和思路,时代在发展,社会在前进,教育形势的不断变化,课程改革的不断推进也注定了课程开发不可能是一成不变的,必定是一个始终动态发展着和变化着的过程,正如大数据时代信息社会给我们艺术教育带来了巨大的冲击,我们也经历不断适应、发展、调整的过程。新的教育背景下学生将决不仅仅满足于传统的课堂教学,我们无法预料将会发生的新情况,时代给我们带来机遇和挑战的同时,也需要我们不断完善自身的知识结构,夯实自身专业素养以适应瞬息万变的现代教育环境。在此背景下的课程开发更需要师生携手共同面对挑战,根据出现的问题,不断反思、调整计划、完善教学,从而使从教学设计到教学实施再到教学评价的完整过程成为一个不断循环、相互作用的过程。21世纪教育的基点是终身学习,是一种贯穿于人的一生的学习,是学生不断发现问题、提出问题、解决问题的学习过程,而人文关怀美术校本课程的开发实施就是通过课程学习营造真实的艺术学习情境为学生的终身发展奠定基石。课程的开发历经"实践——开发——评估"反复调整的过程,不断扩展、丰富、变化和完善。校本课程的内容和国家、自然、社会及学生现实生活紧密相连,而学生在这一过程中历经协作、分享和共进。课程的开发是不断进行的持续研究过程,课程也将呈螺旋上升状态并得以不断完善。

参考文献

[1] 阿兰兹.学会教学[M].上海:华东师范大学出版社,2007.

[2] 阿伦·布洛克.西方人文主义传统[M].北京:三联书店,1997.

[3] 艾斯纳.教育想象:学校课程设计与评价[M].北京:教育科学出版社,2008.

[4] 陈侃.绘画心理测验与心理分析[M].广州:广东高等教育出版社,2008.

[5] 崔允漷.校本课程开发:理论与实践[M].北京:教育科学出版社,2000.

[6] 丁宁.美术心理学[M].哈尔滨:黑龙江美术出版社,2000.

[7] 滕守尧.普通高中艺术课程标准(实验)解读[M].长沙:湖北教育出版社,2004.

[8] 戴维乔纳森.学会用技术解决问题——一个建构主义者的视角[M].北京:教育科学出版社,2007.

[9] 戴维·爱德华.美术治疗[M].缪青,译.北京:中国轻工业出版社,2010.

[10] 顾超.后现代主义背景下的高中美术教育[J].上海师范大学学报(社哲版),2010.

[11] 高文.建构主义学习的特征[J].外国教育资料,1999(1).

[12] 黄壬来.艺术与人文教育[M].台北:桂冠图书股份有限公司,2002.

[13] 胡知凡.谈美术作为一种文化的学习[J].中国美术教育,2003(5).

[14] 克里斯托弗·彼得森.积极心理学[M].徐红,译.北京:群言出版社,2010.

[15] 罗伯特·斯莱文.教育心理学[M].北京:人民邮电出版社,2004.

[16] 李臣之.校本课程开发:实质、策略与条件[J].教育导刊,2000(12).

[17] 林钟烈.思想政治课实现人文关怀的几点思考[J].中山大学学报论丛,2007(6).

[18] 钱初熹.美术教学理论与方法[M].北京:高等教育出版社,2005.

[19] 钱初熹.美术教育促进青少年心理健康[M].上海:上海文化出版社,2007.

[20] 钱初熹.美术鉴赏及其教学[M].北京:人民美术出版社,2008.

[21] 任俊.写给教育者的积极心理学[M].北京:中国轻工业出版社,2010.

[22] 滕守尧.理解与实践高中艺术新课程—与高中艺术教师的对话[M].高等教育出版社,2006.

[23] 王大根.高中美术课程理念与实施[M].海口:海南出版社,2004.

[24] 王大根.美术教学论[M].上海:华东师范大学出版社,2000.

[25] 王大根.中小学美术教学论[M].南京:南京师范大学出版社,2013.

[26] 王大根.美术是一种重要的学习方式[J].中国美术教育,2006(3).

[27] 王大根.美术教案设计[M].上海:上海人民美术出版社,2007.

[28] 王嘉毅.课程与教学设计[M].北京:高等教育出版社,2007.

[29] 吴刚平.校本课程开发[M].成都:四川教育出版社,2002.

[30] 吴刚平.开设校本课程的若干认识问题探讨[J].教育科学论坛,2006(1).

[31] 汪霞.课程研究:现代与后现代[M].上海:上海科技教育出版社,2003.

[32] 小威廉姆·E·多尔.后现代课程观[M].王红宇,译.北京:教育科学出版社,2000.

[33] 小威廉姆·E·多尔.课程愿景[M].王红宇,译.北京:教育科学出版社,2000.

[34] 徐玉珍.校本课程开发的理论与案例[M].北京:人民教育出版社,2003.

[35] 徐建融,钱初熹,胡之凡.美术教育展望[M].上海:华东师范大学出版社,2002.

[36] 夏征农,陈至立.辞海[M].上海:上海辞书出版社,2009.

[37] 徐玉珍.校本课程开发的理论与案例[M].北京:人民教育出版社,2007.

[38] 徐玉珍.校本课程开发:背景、进展及现状[J].比较教育研究,2001(8).

[39] 燕良轼.解读后现代主义教育思想[M].广州:广东教育出版社,2008.

[40] 叶澜.让课堂焕发出生命活力[J].教育参考,1997(4).

[41] 尹少淳.普通高中美术课程标准(实验)解读[M].南京:江苏教育出版社,2004.

[42] 尹少淳.美术教育:理想与现实中的徜徉[M].北京:高等教育出版社,2005.

[43] 佐藤学.课程与教师[M].北京:教育科学出版社,2003.

[44] 中国大百科全书编委会.不列颠百科全书(国际中文版)[K].北京:中国大百科全书出版社,1999.

[45] 中国大百科全书编委会.中国大百科全书(哲学Ⅱ)[K].北京:中国大百科全书出版社,1987.

[46] 张华.课程与教学论[M].上海:上海教育出版社,2000.

[47] 王斌华.校本课程论[M].上海:上海教育出版社,2000.

[48] 钟启泉.现代课程论[M].上海:上海教育出版社,1989.

[49] 钟启泉.课程设计基础[M].济南:山东教育出版社,1999.

[50] 钟启泉,崔允漷,张华.为了中华民族的复兴、为了每位学生的发展——基础教育课程改革纲要(试行)解读[M].上海:华东师范大学出版社,2001.

后 记

从教 14 年,弹指一挥间,回想自己从当初那个迈出师范校园对教育满怀憧憬的青涩大学生到如今成长为杨浦区美术学科带头人,一路走来心中颇多感慨!

首先,我要衷心感谢在我成长道路上给予我无私帮助和关怀的前辈、师长和教师同仁们。感谢我在读研期间的导师王大根教授,本著作最初的雏形就是我的硕士毕业论文,难忘当初从论文选题,到课题研究进程的各个阶段,直至最后的论文定稿,王大根教授都倾注了极大的心血。还记得第一篇小论文的成功发表,王老师不厌其烦指导我六易其稿,王老师严谨的治学态度、广博的学术视野和巨大的人格魅力深深地影响并感染着我。感谢胡知凡教授、王小音教授和钱初熹教授对我的悉心指导,感谢你们给予我智慧的启迪和学术上的引领。感谢杨浦区教师进修学院为学科带头人搭建的众多学习、交流平台,正是通过这些机会我有幸认识了幽默、睿智的华师大教授胡东芳,感谢他指导帮助我完成了我的最初硕士论文到个人专著的华丽蜕变。我也同样感谢帮助我进行课题实验、为我提供调查数据的同仁朋友们,感谢你们对我的莫大支持。

其次,感谢我的工作单位上海理工大学附属中学。正是平凡的工作岗位锻炼并磨砺出今天的我。在单位我是一名普通的艺术教师,也是学校的艺术总辅导员,同时兼任校艺术教研组的备课组长,学校为我的个人专业成长提供了很好的发展空间并给予最有力的支持。在日常繁忙的教学工作和已取得的诸多荣誉前,有时我也会困惑和迷茫,难忘校长的谆谆教诲:"优秀教师的成长不是一蹴而就的,多看、多听、多学,青年教师要学会积累和思考,懂得取舍……"正是这样一次次推心置腹的恳谈帮助我认清自我,明确努力的方向和奋斗的目标。

最后,我想说一直以来我始终坚信艺术教育是一个生命引领感动另一个生命的过程,走向人文关怀的美术教育就是在美术课程中加强人文教育,帮助学生形成基本的美术素养,塑造其健康的人格,建构学生真、善、美的艺术生命和艺术人生,实现艺术教育"以美促知、以美启智、以美润心"的功能,本著作是我多年践行人文美术教育理念的成果,是我校人文关怀美术校本课程的一次展示。囿于个人水平,恳请大家的指正。书稿记录了我过去多年的付出和努力,我也将以此为新起点,继续探索和努力,也期待在平凡的教育岗位上做出新贡献!

顾超
2017 年 2 月

图书在版编目(CIP)数据

走向人文关怀的高中美术校本课程开发 / 顾超著.—上海：上海社会科学院出版社，2017
 ISBN 978-7-5520-1975-9

Ⅰ.①走…　Ⅱ.①顾…　Ⅲ.①美术课-教学研究-高中　Ⅳ.①G633.955.2

中国版本图书馆CIP数据核字(2017)第114578号

走向人文关怀的高中美术校本课程开发

著　　者：	顾　超
责任编辑：	李清奇
封面设计：	郁心蓝
出版发行：	上海社会科学院出版社
	上海顺昌路622号　邮码 200025
	电话总机 021-63315900　销售热线 021-53063735
	http://www.sassp.org.cn　E-mail:sassp@sass.org.cn
印　　刷：	上海龙腾印务有限公司
开　　本：	787毫米×1092毫米　1/16开
印　　张：	8.75
插　　页：	2
字　　数：	207千字
版　　次：	2017年6月第1版　2017年6月第1次印刷

ISBN 978-7-5520-1975-9/G·653　　　　　定价：45.00元

版权所有　侵权必究